AUF GUTE NACHBARSCHAFT

Brandstätter

AUF

GUTE

Vom Zusammenleben

mit Texten von
Eva Schörkhuber
und Andreas Pavlic

NACHBAR

Claudia Huemer
Josef Cser (Hrsg.)

mit Fotografien von
Gianmaria Gava

SCHAFT

Brandstätter

INHALT

NACHBAR-SCHAFTEN

sind wertvolle und wichtige soziale Gefüge, die in allen Kulturen und Ländern eine wesentliche Rolle spielen, aber oft sehr unterschiedlich gestaltet werden, und deren Bedeutung für jeden Menschen ganz anders sein kann. Gerade in einer Millionenstadt wie Wien bedeuten Nachbarschaften oftmals rasche Hilfe, sie können über Leben und Tod entscheiden, Quelle von Freundschaft, aber auch von Ärger und Kummer sein.

Damit Nachbarschaften im Wiener Gemeindebau ein Netzwerk der Unterstützung sein und auch bleiben können, wurde 2010 von der Stadt Wien das Nachbarschaftsservice wohnpartner ins Leben gerufen. Die rund 500.000 Menschen, die in Wiener Gemeindebauten ihr Zuhause haben, begleitet und unterstützt wohnpartner mit zahlreichen gemeinschaftsbildenden Ideen und Initiativen für eine gute Nachbarschaft. Für das Gelingen ist entscheidend, dass sich engagierte und interessierte Mieter*innen aktiv einbringen. Erst dann entsteht ein Dialog, erst dann wächst die Nachbarschaft.

Nachbarschaften bringen Menschen unterschiedlichsten Alters und unterschiedlichster Herkunft zusammen. Seien es das gemeinsame Singen im ersten Wiener Gemeindebauchor, das gemeinsame Garteln im Gemeinschaftsgarten oder das Lernen mit der Lernbegleitung: Hier entstehen neue Kontakte und Freundschaften, es findet kultureller Austausch statt und die – gerade in Großstädten zunehmende – Einsamkeit wird durchbrochen. Gemeinsame Erfahrungen und Erlebnisse verbinden, ermöglichen einen reifen Umgang mit Konfliktsituationen und stärken das Gemeinschaftsgefühl und die Nachbarschaft.

Das vorliegende Buch will Mut und Lust auf Nachbarschaft machen, es soll die Freude und den Spaß an Nachbarschaft zeigen, dazu beitragen, dass neue Nachbarschaften entstehen und alte gepflegt und gehegt werden. Die vorgestellten Ideen und Projekte sollen dazu anregen. Die Mitarbeiter*innen von wohnpartner beraten und begleiten gerne bei der Umsetzung.

In diesem Sinne: Auf gute Nachbarschaft!

Josef Cser   Claudia Huemer

„Für uns ist die Bassena der Garten"

ÜBER DAS GEMEINSAME GÄRTNERN IM GEMEINDEBAU

„Gut gesagt, aber wir müssen unseren Garten bestellen." So endet das satirische Märchen *Candide oder der Optimismus* des französischen Philosophen Voltaire. Er macht sich über die hochtrabenden Vorstellungen von der besten aller möglichen Welten lustig, die aus der Perspektive der meisten Menschen, die weniger betucht sind als Adel und Klerus, gar nicht so rosig aussieht. Das Glück liegt, stellt Candide am Ende fest, in den konkreten Handlungen. Man wächst nicht kraft leerer Wendungen und uferloser Versprechungen über sich hinaus. Erkenntnis und Gemeinschaftssinn reifen ebenso heran wie die Pflanzen, die gesetzt und ausgesät wurden, um Früchte zu tragen und Schatten zu spenden.

> Gut gesagt,
> aber wir müssen
> unseren Garten
> bestellen.

Voltaires Märchen ist 1759 erschienen, in einer Zeit, in der Kriege und Naturkatastrophen den philosophischen Optimismus nicht nur Lügen strafen, sondern als Zynismus enttarnen. Während Teile der Welt in Flammen stehen, sinnieren „große Geister" darüber, dass es sich in dieser Welt doch prächtig leben ließe. Von nicht mehr umkehrbaren Klimaveränderungen, die von unseren Lebens- und Produktionsweisen verursacht werden, war damals noch keine Rede, durchaus aber von sozialen Verwerfungen, die viele Menschen, die über keine Privilegien verfügen, in Mitleidenschaft ziehen. Candides Garten ist ein gemeinschaftlicher, er spricht von „unserem Garten", den es zu bestellen – zu „kultivieren", wie es im französischen Original heißt – gilt.

„DIE ANTITHESE ZUM ABSTANDSGRÜN"

Kultiviert werden in Gemeinschaftsgärten nicht nur Beete und Pflanzen, sondern auch soziale Umgangsformen und kollektive Handlungsweisen. „Der Gemeinschaftsgarten ist die Antithese zum Abstandsgrün",

sagt wohnpartner-Mitarbeiter Martin Schallenmüller und schildert, was ihm über die vielen Jahre, in denen er Gartenprojekte begleitet hat, aufgefallen ist. Da sind die Aushandlungsprozesse, die von den Beteiligten ebenso entwickelt werden wie gemeinsame Regelwerke und Lösungsansätze, wenn es zu Problemen kommt. Bei einem „relativ harmlosen, nichtexistenziellen Thema" sei es einfacher zu lernen, einen Schritt zurückzutreten und auch die Meinung anderer gelten zu lassen. Eine weitere wesentliche Erfahrung bestehe darin, dass Regeln nicht „von Haus aus" festgelegt sein müssen. Für die Gärten gebe es „keine Hausordnung, auf die gepocht werden kann". Abgesehen von den Vereinsstatuten liege es an jeder Gartengruppe selbst, zu entscheiden, wofür es Regeln braucht und wofür nicht.

Der Weg zu einem Gemeinschaftsgarten im Gemeindebau ist zunächst ein bürokratischer: Der Garten wird bei der Hausverwaltung Wiener Wohnen beantragt. Der weitere Genehmigungsprozess führt über eine schriftliche Befragung innerhalb der jeweiligen Wohnhausanlage: Eine einfache Mehrheit der Hauptmieter*innen entscheidet darüber, ob der Gemeinschaftsgarten in

der geplanten Form angelegt und betrieben werden kann. Mindestens 50 Prozent plus eine Stimme müssen mit dem Konzept, das die zukünftigen Gärtner*innen erarbeitet haben, einverstanden sein. In manchen Fällen ist es auch der Mieterbeirat, der, sollte es in der Anlage einen geben, eine Hausversammlung einberufen kann, um einen Beschluss über die Gründung eines Gemeinschaftsgartens zu fassen. Sobald die Genehmigung vorliegt, gründet die Gruppe, die sich um den Garten kümmert, einen Verein, der als juristische Person die Verantwortung trägt. Statuten werden festgelegt, ein Vorstand wird gewählt und bei der Vereinspolizei zur Anzeige gebracht. Außerdem schließt der Verein eine Nutzungsvereinbarung mit Wiener Wohnen ab. Mitarbeiter*innen von wohnpartner unterstützen die Gartengruppen sowohl bei der bürokratischen Abwicklung als auch bei der praktischen Umsetzung des Projekts.

Mittlerweile gibt es an die hundert Gemeinschaftsgärten und an die 450 mobile Beete über ganz Wien verteilt. Elf Gemeinschaftsgärten mit Vereinsstatuten befinden sich auf Gemeindebauflächen oder im unmittelbaren Nahbereich davon, das ergibt eine Erhebung, die Jan Mayrhofer im Jahr 2018 durchgeführt hat. Mayrhofer ist ebenfalls Mitarbeiter von wohnpartner, er betreut wienweit verschiedene Projekte, die mit Garten in Zusammenhang stehen, und organisiert Bustouren, auf denen Interessierte Eindrücke von den Gemeinschaftsgärten sammeln und Erfahrungen austauschen können. Insgesamt begleitet die Einrichtung wohnpartner acht der elf Gärten, die sich in oder in der Nähe von einem Gemeindebau befinden. Darüber hinaus unterstützt sie dutzende Gruppen, die mit mobilen Beeten gärtnern.

In den einzelnen Gärten zeigt sich die soziale und kulturelle Vielfalt der Bewohner*innen. Die Beete werden auf unterschiedliche Weisen angelegt: Manche haben aus ihren Herkunftsländern und -regionen gärtnerische Gepflogenheiten mitgebracht, die sie mit anderen teilen; es werden Kräuter und Gemüsesorten nach verschiedenen Ernährungsgewohnheiten angepflanzt; die Einfassungen der Beete werden bunt gestrichen oder als verwittertes Naturholz belassen; Keramikfrösche sitzen zwischen den Paradeisern; selbstgebastelte Windräder rotieren hypnotische Muster in die Augen der Besucher*innen; Girlanden mit Leuchtdioden schaukeln im Wind. Je nach architektonischen Voraussetzungen

Gegenseitige Hilfe spielt eine große Rolle. Es findet sich immer
eine Gärtnerin, die, wenn jemand auf Urlaub fährt, das Gießen
übernimmt.

In den einzelnen Gärten zeigt sich die soziale und kulturelle Vielfalt der Bewohner*innen. Die Beete werden auf unterschiedliche Weisen angelegt: Manche haben aus ihren Herkunftsländern und -regionen gärtnerische Gepflogenheiten mitgebracht, die sie mit anderen teilen.

> **Auf den schattigen Bänken und Tischen im Garten lässt es sich ganz wunderbar beisammensitzen.**

liegen die Gärten am Rand der Wohnhausanlagen oder in nahe gelegenen Parks, auf dem Dach oder mitten im Hof.

GEMEINSCHAFTSGARTEN SONNENBLUME

Der Gemeinschaftsgarten *Sonnenblume* liegt mitten im Robert-Uhlir-Hof in der Engerthstraße im zweiten Wiener Gemeindebezirk. Hohe Hecken umgrenzen die grüne Oase zwischen den fünf- bis elfstöckigen Wohnbauten. Die Ursprungsbepflanzung sei hier zum Naturzaun geworden, erzählt Helga Benda, die Obfrau des Vereins. Die Sträucher wurden nach außen versetzt, die MA 48, die Magistratsabteilung für Abfallwirtschaft, Straßenreinigung und Fuhrpark, habe, nachdem der Gemeinschaftsgarten genehmigt worden war, etliche Fuhren Komposterde spendiert, die die Gärtner*innen mit Schubkarren verteilt hätten. Mitgärtnerin Waltraud Wallner schmunzelt: „Ich mach hier die Kontrolle, ich seh von meiner Wohnung aus in den Garten."

Der Robert-Uhlir-Hof wurde zwischen 1975 und 1978 errichtet. Lange Zeit über war es nicht möglich, in dieser Gegend zu bauen. Sie war Überschwemmungsgebiet, das erst mit der Donauregulierung in den 1870er-Jahren erschlossen werden konnte. An der Stelle des heutigen Gemeindebaus befanden sich die Siemens-Schuckert-Werke, die für die Errichtung der Wohnhausanlage umgesiedelt wurden. Eine Gedenktafel erinnert an eine Widerstandskämpferin und zwei Widerstandskämpfer, die während der NS-Zeit in der Fabrik beschäftigt waren und in den 1940er-Jahren hingerichtet wurden. Eine weitere Gedenktafel ist dem Namensgeber gewidmet: Robert Uhlir war ein Funktionär der revolutionären Sozialisten und setzte sich im Besonderen für die Opfer politischer Verfolgung ein. Während des Zweiten Weltkriegs wurde er zu mehrjährigen Haft- und Lagerstrafen verurteilt. Charakteristisch für die Wohnhausanlage ist eine flexible Fertigteiltechnik mit großen fünf- bis elfstöckigen Wohnhöfen sowie Erdgeschoßflächen, die als urbane Begegnungszone mit unterschiedlichen Funktionen geplant wurden.

Seit 2014 ist auch der Gemeinschaftsgarten *Sonnenblume* ein Ort der Begegnung

„Wir sind ein super Team", sagt Helga Benda und verweist auf die enorme Vielfalt an Pflanzen, die im Garten wachsen und gedeihen: „Möglicherweise sind wir der erste Gemeinschaftsgarten in Österreich, in dem Erdnüsse geerntet wurden."

und des regen Austauschs. Zu Beginn zeigten sich einige Bewohner*innen eher skeptisch – vor allem wegen des erhöhten Wasserverbrauchs. Dieser wurde schließlich aus den allgemeinen Betriebskosten herausgerechnet, wodurch sich die Bedenken zum größten Teil legten. Die Gärtner*innen konnten beginnen, ihre Beete zu bepflanzen und ihren Garten zu gestalten. Sobald ein Vereinsmitglied im Garten ist, steht die Tür auch allen anderen offen. Anders sei das aus versicherungstechnischen Gründen sowie angesichts der Nutzungsvereinbarung mit der Hausverwaltung Wiener Wohnen nicht möglich.

„GEMEINSCHAFT LIEGT MIR SEHR AM HERZEN"

„Wir sind ein super Team", sagt Helga Benda und verweist einerseits auf die enorme Vielfalt an Pflanzen, die im Garten wachsen und gedeihen: „Möglicherweise sind wir der erste Gemeinschaftsgarten in Österreich, in dem Erdnüsse geerntet wurden." Andererseits seien auch die Altersgruppen sehr gemischt, „zwischen so Anfang, Mitte vierzig und 78". Besonders in der Corona-Zeit habe sie den Garten genossen: „Gemeinschaft liegt mir sehr am Herzen."

Auch Elisabeth Heiss erzählt, dass sie noch nie so viele Leute kennengelernt habe wie mit dem Garten. Seit ihrer Pensionierung 2015 ist sie mit dabei, zuvor hat sie als Krankenpflegerin gearbeitet. „Ich bin eher eine faule Gärtnerin", räumt sie ein, „ich muss nichts ernten, ich mach es mehr für die Insekten." Gemeinsam würden sie nicht nur garteln, sondern auch kochen, backen und spielen. Jede Art von Gesellschaftsspielen sei hier willkommen. Ob bei einem Brett-, Würfel- oder Kartenspiel, auf den schattigen Bänken und Tischen im Garten lässt es sich ganz wunderbar beisammensitzen.

Gegenseitige Hilfe spielt ebenfalls eine große Rolle. Es finde sich immer eine Gärtnerin, die, wenn jemand auf Urlaub fahre, das Gießen übernehme. Manchmal kümmert sich auch eine vorübergehend um alle Beete. „Wir sind halt die Frühaufsteher", lachen Helga und Waltraud, „wenn du um sieben in der Früh kommst, sind wir schon fertig." „Ich genieße den Morgen", schwärmt Waltraud. „Dass alle aufeinander schauen", das sei für eine gute Nachbarschaft besonders wichtig, meint sie.

Mit der Zukunft des Gartens sehe es allerdings nicht so gut aus. Eine umfassende Sanierung stehe ins Haus. Der Garten müsse voraussichtlich den Umbau- und Renovierungsarbeiten weichen, die an den Tiefgaragen sowie an den Fassaden vorgenommen werden. „Dabei ist die Anlage erst vor zwanzig Jahren saniert worden", betont Helga. Elisabeth, Waltraud und sie berichten aufgebracht, dass nicht nur der Garten, sondern auch die großen Blumentröge vor den Fenstern entfernt werden sollen, was besonders absurd sei, da nun überall von einer Begrünung der Stadt die Rede sei. „Überall wollen sie Blumen und Grün und uns wollen sie das wegnehmen?! Das verstehe ich nicht", sagt Elisabeth und schüttelt den Kopf. Das letzte Wort sei noch nicht gesprochen, meint Helga und gibt sich vorsichtig zuversichtlich, dass das üppige Grün im Hof und in den Blumentrögen doch nicht ganz verschwinden wird.

Der Gemeinschaftsgarten *Sonnenblume* hat über die Höfe der Wohnanlage hinaus von sich reden gemacht: 2016 wurde der Gartengruppe im Rathaus eine Urkunde verliehen. Und vor ein paar Jahren spannte sich im Rahmen einer Kunstaktion im Gemeindebau eine grellorange Schnur vom Garten aus zu den Wohnungen derer, die mit dem Garten verbunden sind. Die Schnur lief quer durch die Wohn- und Schlafräume, um sich dann über die Gänge und Fassaden weiter zu verzweigen. Die Verbundenheit, die durch den Gemeinschaftsgarten entsteht, ist nicht nur eine symbolische, sondern vor allem eine praktische: Zusammen wachsen hier nicht nur die Sträucher, die Kräuter, die Bäume und Gemüsepflanzen, sondern auch die Menschen, die sich um die Gartengemeinschaft kümmern und sie gedeihen lassen.

GARTEN UNSER-DÖBLING

Der *Garten Unser-Döbling* liegt am Rand des Rudolf-Sarközi-Hofs, auf einer leicht abschüssigen Fläche zwischen den Häuserzeilen. Kiefern und Föhren spenden ihren Schatten sowohl der Gartenanlage als auch den Bänken, die neben dem Spazierweg stehen. Umgeben ist die weitläufige Gartenfläche von einem niedrigen Zaun, der den Blick auf die Hochbeete, die Gartenhütte und die Obstsäulen freigibt. Insgesamt sind es zehn Hochbeete, die von jedem Mitglied einzeln betreut werden. „Die Restfläche wird gemeinsam genutzt", erzählt Michael Roser,

In den Gemeinschafts-
gärten wachsen nicht nur
die Sträucher, die Kräuter,
die Bäume und Gemüse-
pflanzen, sondern auch
die Menschen, die sich um
die Gartengemeinschaft
kümmern und sie gedeihen
lassen.

„

Durch das gemeinschaftliche Gartenprojekt ist ein richtiges Zugehörigkeitsgefühl entstanden.

Obmann des Vereins. Die Hochbeete wurden teilweise aus Paletten gebaut, die von einer Gartenfachmarkt-Kette gespendet wurden. Andere fertigte ein Tischler an, „aus richtig gutem Holz". Bislang habe nur eine Einfassung erneuert werden müssen.

Die rechteckige Anordnung der Hochbeete spiegelt im Kleinen die Struktur der Wohnhausanlage wider: Der Rudolf-Sarközi-Hof wurde Anfang der 1950er-Jahre als Siedlungsbau errichtet. Auf einem beinahe exakt rechteckigen Grundriss reihen sich fünfzehn Häuserblöcke, teilweise in Zeilenbauweise, mit jeweils zwei Stockwerken und einem ausgebauten Dachgeschoß, aneinander. Der Zugang zu den einzelnen Stiegen erfolgt über schattige Grünflächen, die sich über die gesamte Anlage erstrecken. Der Hof wurde wie etliche andere in diesem Zeitraum angesichts der Wohnungsnot nach dem Zweiten Weltkrieg errichtet und zählt zu den größeren Siedlungen dieser Art, die in Döbling gebaut wurden. Seinen Namen erhielt er von Rudolf Sarközi, dem Sohn einer burgenländischen Romni und eines Wiener Sinto, der 1944 in einem NS-Anhaltelager für „Zigeuner" geboren wurde. 1996 gründete er im 19.

Wiener Gemeindebezirk das *Roma Dokumentations- und Informationszentrum*. 2017 wurde die Wohnhauslange, in der er selbst 52 Jahre lang gelebt hatte, nach ihm benannt.

Nach zweijähriger Vorlaufzeit wurde 2015 mit der Anlage des Gemeinschaftsgartens begonnen. An seiner Stelle befanden sich zuvor ein brachliegender Kinderspielplatz sowie eine ausgedehnte Asphaltfläche – ein ehemaliger Basketballplatz. „Der Garten ist der Natur gewidmet", meint Michael und schildert gemeinsam mit Desislava Gudjunova, wie es zu ihrem Garten kam. Bei der Abstimmung, die per Unterschriftenliste in der Wohnhausanlage erfolgte, habe es kaum Gegenstimmen gegeben, 80 Prozent hätten zugestimmt. Die Bedenken, die sich vor allem darum drehten, ob ein Garten zusätzlichen Lärm verursache und die Kosten für das Wasser steigere, konnten ausgeräumt werden. Dennoch sei vor allem der Anfang nicht ganz so einfach gewesen, erzählt Desislava: „Wenn etwas Neues entsteht, ist es immer ein Risiko. Da gab es schon verschiedene Meinungen und sogar Auseinandersetzungen, aber das ist normal." Interessanterweise hätten sich dann aber vorwiegend die besonders skeptischen Bewohner*innen im Garten engagiert. Vor allem in der Anfangsphase gab es auch innerhalb der Gartengruppe immer wieder von wohnpartner moderierte Treffen. „Dort, wo viele verschiedene Menschen zusammenkommen, gibt es viele unterschiedliche Meinungen", stellt Michael fest. Lösungen wurden dabei mit „Hilfe von außen", mit der Unterstützung von wohnpartner, gefunden – auch bei einer Mediation, die hauptsächlich aus persönlichen Gründen notwendig geworden war. „Jetzt funktioniert's", sagt Desislava lächelnd und freut sich mit Michael gemeinsam darüber, dass es sich bei ihnen um eine „sehr durchmischte Gruppe" handelt.

„EIN GARTEN DES LERNENS"

In den Rudolf-Sarközi-Hof ist Michael Roser gezogen, kurz bevor die Idee mit dem Gemeinschaftsgarten entstand. Der gelernte Einzelhandelskaufmann arbeitet als Betreuer in einer Unterkunft für obdachlose Menschen. „Wir sind alle keine ausgebildeten Gärtnerinnen und Gärtner", sagt er. Es gehe auch gar nicht darum, sich ausschließlich durch die Erträge selbst zu versorgen. „Wenn, dann wären wir höchstens Knoblauchselbstversorger", fügt er lachend hinzu.

Es gibt viel zu lernen und zu entdecken im *Garten Unser-Döbling*: Der würzige Duft, der sich in der Sommerluft breitmacht, wird von einer circa fünfzig Zentimeter hohen Pflanze mit herzförmigen Blättern und schön geschwungenen, zartrosa Blütenkelchen verströmt. Der Muskatellersalbei, der in einem der Hochbeete wächst, ist eine Gewürz- und Heilpflanze, die in der griechischen und römischen Antike gegen Kopfschmerzen zum Einsatz kam. Außerdem wurde sie zur Aromatisierung von Wein verwendet. Auch Bienen fliegen auf die einladenden Blütenkelche, die ihnen satte Honigerträge bescheren. Das Obst wächst in diesem Garten nicht auf Bäumen, sondern auf Säulen. Wenige Zentimeter sind die Stämme dick, an denen sich bis knapp über den Boden die Äste verzweigen, auf denen Zwetschken und Äpfel reifen. „Richtige" Obstbäume können in der Anlage nicht gepflanzt werden.

Besonders für Kinder ist der Garten ein unschätzbares Reservoir an Erfahrungen im Umgang mit der Natur. Desislava Gudjunova erzählt, dass ihr mittlerweile sechsjähriger Sohn buchstäblich mit dem Garten aufgewachsen sei. Die Beete, die von Kindern

Mittlerweile gibt es an die hundert Gemein schaftsgärten und an die 450 mobile Beete über ganz Wien verteilt. Diese liegen entweder am Rand der Wohnhausanlagen oder in nahe gelegenen Parks, auf dem Dach oder mitten im Hof.

25

bepflanzt und betreut werden, erkennt man an den niedrigeren Einfassungen. Im Prinzip würden sie aber ohnehin überall mitmachen. Wenn der Eifer einmal allzu groß ist und etwas schiefgeht, gibt es kleine Versöhnungsgeschenke: „Eine Tomate für dich, einen Zitronenbaum oder so etwas. Aber es ist voll nett, auch für Kinder. Wenn man Besuch hat, ist es wirklich wunderschön."

Durch das gemeinschaftliche Gartenprojekt sei ein richtiges Zugehörigkeitsgefühl entstanden, erzählt Michael. Es sei auch darum gegangen, mehrere Leute miteinzubeziehen und so etwas wie einen Gemeinschaftsraum zu gestalten, fügt Desislava hinzu. Besonders zu den Gartenfesten seien viele aus der Wohnhausanlage gekommen, die sich sonst nicht getraut hätten: „Wir versuchen es halt auch, dass wir die Leute einladen, auf die eine oder andere Art und Weise – nicht unbedingt direkt, da trauen sich viele nicht, man kann sie eben auf diese indirekte Weise einladen." Das erste Sommerfest war „so richtig groß, mit Live-Band und Clowns, das hat auch Menschen von außerhalb angezogen". Für eine gute Nachbarschaft sei es prinzipiell von Bedeutung, dass es viel Raum gebe, meint Michael: „Es hat schon geholfen, dass wir die Möglichkeit bekommen haben, unseren Lebensraum mitzugestalten. Wir wohnen ja nicht nur hier, sondern leben hier auch. Dass wir diesen Lebensraum nach unseren Bedürfnissen gestalten können, erleichtert auch das Leben miteinander." Durch den Garten lerne man, Kompromisse zu machen und gemeinsam Lösungen zu finden, betont Desislava: „Es ist wirklich ein Schatz, wenn man so einen Garten hat."

Mittlerweile schätzen auch die anderen Bewohner*innen den Garten. Direkte Rückmeldungen gebe es zwar kaum, aber hin und wieder stelle jemand Blumen von zu Hause an den Zaun. Desislava und Michael betrachten dies als Gesten der Akzeptanz. Wie in den meisten anderen Gemeinschaftsgärten gilt, dass alle herzlich willkommen sind, sobald eines der Mitglieder zugegen ist. Vor allem für Besucher*innen mit Kindern sei der Garten ideal. Die Geräte, die in der Gartenhütte lagern, können von allen Mitgliedern verwendet werden. Finanziert wurde das im Frühling 2018 errichtete Holzhaus durch die Mitgliedsbeiträge. Die Kerngruppe besteht aus zehn Personen, insgesamt sind in etwa 25 aus dem näheren Umfeld aktiv. Die Möglichkeiten, mit der Gartengruppe in Kontakt zu treten, sind zahlreich und niederschwellig:

„

Es ist wirklich ein Schatz, wenn man so einen Garten hat.

Ein Plausch über den Zaun hinweg ist ebenso eine Option wie die Website zu besuchen und eine E-Mail zu schreiben. Als einige der Hochbeete noch auf engagierte Gärtner*innen warteten, brachte die Gruppe Aushänge in den Stiegenhäusern an. Es gebe keine bestimmten Voraussetzungen, „nur persönliches Interesse muss vorhanden sein", sagt Michael Roser. Am einfachsten sei wohl ein direkter Austausch im Garten, ergänzt Desislava Gudjunova, und: „Wir wollen keinen Zwang ausüben, es ist ganz offen – wer will, wird kommen."

Einer der nächsten Pläne für den *Garten Unser-Döbling* besteht darin, nach der Corona-Pause wieder ein großes Sommerfest zu organisieren. Darüber hinaus bietet dieser „Garten des Lernens", wie Michael Roser ihn nennt, immer Gelegenheiten, sich auszutauschen und neue Erfahrungen zu sammeln, beim Gärtnern ebenso wie bei der Gestaltung gemeinsamer Lebensräume.

GEMEINSCHAFTSGARTEN ROSENBERG

Der *Gemeinschaftsgarten Rosenberg* liegt im Josef-Kaderka-Park, im 17. Wiener Gemeindebezirk. Von der großzügigen Rasenfläche aus sieht man in die Weinberge. Unter den Bäumen stehen Bänke und Tische, ein Hängesessel lädt dazu ein, die Seele baumeln zu lassen. An einer Schnur, die zwischen zwei Stämmen gespannt ist, sind Informationstafeln zum Garten und seiner Geschichte befestigt, daneben fotografische Impressionen vom gärtnerischen Leben und Arbeiten. Ein Teil der Beete wird von Institutionen aus der Nachbarschaft beziehungsweise dem Bezirk betreut, von einer Integrationsschule, einem Kindergarten, einer lokalen Volkshochschule sowie vom Nachbarschaftszentrum 17. Um die restlichen 34 Beete kümmern sich insgesamt 33 Gärtner*innen. Ein Drittel von ihnen lebt in einem der nahe gelegenen Gemeindebauten, etwa im Bruno-Kreisky-Hof.

Der Bruno-Kreisky-Hof wurde Ende der 1980er-Jahre fertiggestellt. 277 Wohnungen befinden sich in der vier- bis fünfstöckigen Anlage mit ausgebautem Dachgeschoß. Nach dem ehemaligen Bundeskanzler Bruno Kreisky wurde der Hof 1995 benannt. In seiner Regierungszeit setzte er viele soziale Reformen um, unter anderem die zivilrechtliche Gleichstellung von Frauen, die sogenannte „Fristenlösung", die den Abbruch einer Schwangerschaft bis zur zwölften Woche straffrei stellt, einen kostenlosen Hochschulzugang sowie die Abschaffung eines Gesetzesparagrafen, der homosexuelle Handlungen unter Strafe stellte.

Auch der Garten trägt den Namen einer Person: Er wurde nach einer engagierten Mitarbeiterin benannt, die zunächst bei der Gebietsbetreuung und später bei wohnpartner tätig war. 2011 wurde der *Gemeinschaftsgarten Rosenberg* eröffnet. Das Besondere an seiner Entstehungsgeschichte ist, dass die Beete gemeinsam angelegt wurden – noch bevor entschieden war, wer die Beete bekommen sollte. Auf das Risiko hin, dass ihnen das Los keinen eigenen Platz zum Anpflanzen zuteilen würde, arbeiteten viele Menschen zusammen, um den Garten im Josef-Kaderka-Park zu „kultivieren". Wem keines der frisch angelegten Beete zugelost wurde, fand oft andere Lösungen, erzählt Martin Schallenmüller, der als wohnpartner-Mitarbeiter den Garten von seinen Anfängen an begleitet hat: Entweder entstanden Gemeinschaftsbeete, oder kleinere Gruppen entwickelten interne Rotationssysteme. Die Konzepte für diese gemeinschaftlichen Lösungen, etwa die Gruppenbildungen und das Fluktuationsmodell, stammen von Christoph Krepl, ebenfalls Mit-

arbeiter bei wohnpartner und Gartenexperte. Dagmar Jenewein, die Obfrau des Vereins, nennt einen einfachen Grund, warum die Beete mittlerweile nicht mehr verlost, sondern in der Reihenfolge einer Warteliste vergeben werden: „Es war ungerecht." Nun können sich alle, die ihren Wohnsitz im 17. Bezirk haben, eintragen. Drei Jahre sind es mindestens und sechs Jahre höchstens, in denen man eines der Beete bepflanzen und sich in der Gartengemeinschaft engagieren kann. Die beteiligten Institutionen und der Vereinsvorstand sind von der Fluktuation ausgenommen: „Die Vorstandsjahre zählen nicht." Anmelden kann man sich entweder direkt vor Ort, wenn jemand von der Gartengruppe anwesend ist, oder über die Website. Anfragen gebe es sehr viele, weiß Dagmar Jenewein. Der Andrang auf eine Funktion im Vereinsvorstand sei hingegen überschaubarer: „Mit dem Nachwuchs ist es eher schwierig."

EINE PIONIERIN DES GARTENS UND DER BÜCHER

Dagmar Jenewein ist von Anfang an mit dabei. Sie hat bereits dabei geholfen, den

Wir wohnen ja nicht nur hier, sondern leben hier auch. Dass wir diesen Lebensraum nach unseren Bedürfnissen gestalten können, erleichtert auch das Leben miteinander.

Garten anzulegen, und sie hatte Glück: Sie wurde einem der Beete zugelost. Im ersten Jahr gab es viel Unterstützung durch den Verein Gartenpolylog und durch wohnpartner. Gartenpolylog ist eine interdisziplinäre Initiative, die Gemeinschaftsgärten in landwirtschaftlichen, umwelttechnischen und landschaftsarchitektonischen Fragen berät, ihre Vernetzung unterstützt und sich an Forschungsprojekten beteiligt.

Nach dem ersten Jahr des *Gemeinschaftsgartens Rosenberg* wurde der Verein gegründet. Die Statuten wurden von bereits existierenden Gärten übernommen und adaptiert. Gemeinsam erarbeitete die Gruppe die Gartenregeln. Zu ihnen gehört, dass alle, die sich um eines der Beete kümmern, sich mindestens an zwei weiteren Aktivitäten beteiligen: Es gilt die Gartentreffen vorzubereiten, bei der Organisation eines Festes mitzuhelfen oder einen der größeren herbstlichen und frühjährlichen Arbeitseinsätze zu koordinieren. Zu Beginn jedes Jahres gebe es einen Ideenworkshop, wo Vorschläge für Feste, Workshops und andere Projekte gesammelt und besprochen werden. Die Gartengemeinschaft ist ausgesprochen aktiv. Neben den Sommerfesten findet auch jedes Jahr ein

„Kreativmarkt" inklusive Flohmarkt im Garten statt, bei dem an die vierzig Aussteller*innen Handgemachtes, Eingemachtes, Genähtes, Gestricktes, Gebackenes und Gebrautes feilbieten. Sowohl bei den Sommerfesten als auch bei den „Kreativmärkten" sei immer sehr viel los, erzählt Dagmar Jenewein. Viele Nachbar*innen kämen dann vorbei. Konflikte habe es bislang weder innerhalb der Gruppe noch mit den Anrainer*innen gegeben. Ab und zu komme es vor, dass von der Feuerschale zu viel Rauch aufsteige, aber das sei schnell behoben.

Während die aktive Beteiligung an mindestens zwei Veranstaltungen oder Treffen durch die Gartenregeln festgelegt ist, sind andere Bereiche nicht geregelt. Für das Rasenmähen etwa gebe es keine Liste, das geschehe eigenverantwortlich und funktioniere prima. Mindesten fünfzig Menschen sind am *Gemeinschaftsgarten Rosenberg* beteiligt. Es gebe viele Paare und Familien, aber auch ganze Gruppen, die sich um eines der Beete kümmern. Allerdings sind auch die Gruppen nicht von der Fluktuation ausgenommen: Nach spätestens sechs Jahren, wenn die hauptverantwortliche Person das Beet zurückgeben muss, können auch die Co-Gärtner*innen

„

Was gibt es Schöneres, als im Grünen zu sitzen, zu plaudern und Erfahrungen zu teilen?

nicht weitermachen. Dadurch sollen interne Absprachen verhindert und die Vergabe der Beete so gerecht wie möglich gestaltet werden. Für ehemalige beziehungsweise pausierende Beet-Betreuer*innen gibt es aber die Möglichkeit einer außerordentlichen Beteiligung.

Dagmar Jenewein, die, wie sie erzählt, „immer schon" einen Garten haben wollte, ist nicht nur eine Pionierin des *Gemeinschaftsgartens Rosenberg*. Im Bruno-Kreisky-Hof hat sie mit der Unterstützung von wohnpartner auch eine Bibliothek gegründet, in der viele, sehr unterschiedliche Bücher entlehnt werden können. Jeden Donnerstag zwischen 17:00 und 19:00 Uhr stehen die Türen des ehemaligen Hobbyraums, der zur Bibliothek umfunktioniert wurde, offen. Die Initiative ging von Dagmar Jenewein aus, wohnpartner hat zwischen ihr, als engagierter Mieterin, und der Hausverwaltung Wiener Wohnen vermittelt – so wie in vielen anderen Fällen, in denen es darum geht, Mieter*innen dabei zu unterstützen, Räume für Gemeinschaftsprojekte zu öffnen und zu gestalten. Nach einer zustimmenden Mieterbefragung erhielt Dagmar Jenewein von der Hausverwaltung die Genehmigung. Im Prinzip funktioniere die Bibliothek wie eine

Bücherkabine: Die Besucher*innen nehmen Bücher mit und bringen welche vorbei. Eine Bücherkabine, die rund um die Uhr zugänglich ist, wollte Dagmar Jenewein ebenfalls ins Leben rufen. Dieses Projekt sei aber „mit Corona eingeschlafen".

Für eine gute Nachbarschaft sei gegenseitiges Verständnis sehr wichtig. Es gehe vor allem darum, die Meinung anderer gelten zu lassen. Der *Gemeinschaftsgarten Rosenberg* bietet Platz und im Laufe des Jahres viele Gelegenheiten, diese Art von Nachbarschaft zu praktizieren, sei es beim gemeinsamen Garteln oder eben bei einem der Feste und Märkte, die auch Menschen über die Bezirksgrenzen hinaus anlocken. Was gibt es Schöneres, als im Grünen zu sitzen, zu plaudern, Erfahrungen, mitunter auch schöne Gegenstände, köstliche Speisen und Getränke zu teilen?

TERRASSENGARTEN HANDELSKAI 214

Von den Hochbeeten am Rand der Brüstung aus wandert der Blick über die ganze Stadt bis hin zu den grünen Hügeln des Wienerwalds. Das Riesenrad, die Hochhäuser am

Besonders für Kinder ist der Garten ein unschätzbares Reservoir an Erfahrungen im Umgang mit der Natur.

Wienerberg, das Rathaus und der Stephansdom – die berühmtesten Bauwerke Wiens liegen den Gärtner*innen zu Füßen. Eine mit wildem Wein bewachsene Pergola schützt diejenigen vor der Sonne, die auf der hölzernen Sitzgarnitur Platz nehmen, um den Ausblick zu genießen, eine Tasse Kaffee oder ein Glas Bier zu trinken, ein Stück Apfelstrudel zu essen und ein paar Worte zu wechseln. Der *Terrassengarten Handelskai 214* liegt über den Dächern Wiens, am Ufer der Donau im zweiten Wiener Gemeindebezirk.

Die Wohnanlage wurde Mitte der 1970er-Jahre errichtet. Viele der insgesamt 1.040 Wohnungen verfügen über Loggien mit Stahlbetonverkleidung, die hinaus auf die Grünflächen in den übersichtlich strukturierten Höfen gehen. Wie auch der Robert-Uhlir-Hof in der Engerthstraße ist die Wohnanlage Handelskai 214 auf ehemaligem Überschwemmungsgebiet gebaut worden. Nach der Donauregulierung in den 1870ern siedelten sich am Ufer zahlreiche Handelsunternehmen an, wodurch der Handelskai seinen Namen erhielt und mit ihm schließlich auch der Gemeindebau.

Der Zugang zum Terrassengarten führt über die Stiege 12. Elf Stockwerke geht es hinauf, bis eine Tür aufgeschlossen wird und den Blick auf die Beete, unter die Pergola und über die Stadt freigibt. Regina Hanke-Zingerle, die gemeinsam mit ihrem Lebensgefährten das Gartenprojekt initiiert hat, erzählt, dass es dieser Ausblick war, der sie auf die Idee gebracht hat: Vor mittlerweile sechzehn Jahren sei sie hochschwanger an der versperrten Tür gestanden und habe sich vorgestellt, wie aufregend es sein müsse, das Feuerwerk vom Donauinselfest von oben, von dieser Terrasse aus zu betrachten. „Komisch, so eine schöne Aussicht, und die Tür ist verschlossen, das kann doch nicht sein", dachte sie damals und beschloss, der Sache mit der brachliegenden Dachterrasse nachzugehen. Vandalismus sei der Grund dafür gewesen, die Tür abzuschließen, erfuhr Regina vom Hauswart. Immer wieder wurden leere Flaschen in den Hof hinuntergeworfen, woraufhin der Zugang versperrt werden musste. Ihrer ersten Initiative, die Dachterrasse in einen Gemeinschaftsgarten zu verwandeln, wurde zunächst mit Misstrauen begegnet. Die Bedenken hätten vor allem darin bestanden, dass es zu einer privaten Nutzung einer Gemeinschaftsfläche kommen könne. „Von Anfang an wollten wir den Garten gemeinsam mit anderen Leuten machen", erzählt Regina und schildert, wie sie und ihr Lebensgefährte schließlich Kontakt mit Gartenpolylog aufgenommen hätten. Nach einigen Anläufen habe es schließlich geklappt. 2023 feiert der *Terrassengarten Handelskai 214* sein zehnjähriges Jubiläum.

„FÜR MICH IST DAS ALLES FAMILIE"

Regina Hanke-Zingerle und Christine Miftari-Kremer hatten sich schon vorher kennengelernt, Christina war ein halbes Jahr vor Regina in den Gemeindebau eingezogen. Als Präsidentin des Gartenvereins erinnert sie sich daran, wie glücklich sie damals war, als Regina und Markus mit der Terrassengartenidee zu ihr kamen. „Ich liebe Gartenblumen. Ich komme vom Land und bin im Garten aufgewachsen. Meine Schwester ist Floristin." Sie selbst macht gerade eine Ausbildung zur Kindergartenpädagogin. Vor Jahren habe sie schon in diesem Bereich gearbeitet, da sich im Laufe der Zeit aber so einiges verändert habe, sei es gut, ihr pädagogisches Wissen wieder aufzufrischen. „Ich tu schon gern

führen", sagt Christine und schmunzelt. Als Mutter von drei Kindern sei sie bestens auf das Präsidentinnenamt vorbereitet. Bei der Umsetzung der Gartenidee habe wohnpartner die Gruppe sehr unterstützt.

Hannes Jegan hat über einen Aushang im Stiegenhaus von dem Gartenprojekt erfahren. Die anderen Gärtner*innen habe er zuvor nur vom Sehen gekannt: „Jetzt sind wir ein super Haufen." Die Treffen der Gartengruppe finden regelmäßig statt, bei Schlechtwetter werden sie kurzfristig in eine der Wohnungen verlegt. Neben ausführlichen Gesprächen darüber, was gerade gut und was weniger gut läuft, werden neue Ideen und Projekte entwickelt und die Gemeinschaftsarbeiten geplant. „Momentan sind neun Familien beteiligt, alle von derselben Stiege", erzählt Irene Schwingenschlögl. Um die Tür zur Terrasse aufschließen zu können, erhalten die Beteiligten einen Spezialschlüssel auf Kaution. Alle, die auf der Stiege Nummer 12 wohnen, können beim Terrassengarten mitmachen. Über die Aufnahme von neuen Gärtner*innen entscheidet die Gruppe gemeinsam. Neben der Gartenarbeit bietet die Terrasse auch zauberhafte Aussichten auf eine lebendige Nachbarschaft. Christine

Von den Hochbeeten am Rand der Brüstung aus wandert der Blick über die ganze Stadt bis hin zu den grünen Hügeln des Wienerwalds. Das Riesenrad, die Hochhäuser am Wienerberg, das Rathaus und der Stephansdom — die berühmtesten Bauwerke Wiens liegen den Gärtner*innen des Terrassengartens Handelskai zu Füßen.

„

Nach der Arbeit komm ich hier herauf und gieße. Und wenn jemand dazukommt, freue ich mich.

erzählt von den Sommer- und Herbstfesten, die hier stattfinden, von den Pensionist*innenkränzchen und vom Frühstück am Dach. Sobald jemand von der Gruppe hier sei, könnten alle raufkommen.

„Das ist unser Kleinod", schwärmt Irene und schildert, wie die Nachbar*innen immer mehr zusammenwachsen. Gegenseitige Hilfe sei nicht nur beim Gießen selbstverständlich. Über eine Whatsapp-Gruppe, via Telefon und SMS stünden sie alle in regem Kontakt, erzählt Hannes. Als er schwer erkrankt war und sich einer komplizierten Operation unterziehen musste, hatte er stets das Gefühl, dass sich die Leute aus der Nachbarschaft um ihn kümmerten. Viele fragten nach, wie es ihm gehe, erledigten Einkäufe, boten ihm Unterstützung an. Er selbst sei nun 66, auf der Gartenterrasse aber seien alle Altersgruppen vertreten, auch Kinder. Die Stimmung sei ausgezeichnet: „Hier ist es so schön, da kommt man gar nicht zum Streiten." „Für mich ist das alles Familie", fügt Christine hinzu.

Gute Nachbarschaft pflegen die Gärtner*innen nicht nur untereinander, sondern auch mit den Pflanzen und Tieren. Christine erzählt von den Fledermäusen, den Krähen und Holzbienen, die regelmäßig den Terrassengarten besuchen und die sie so gerne beobachtet. Auch ein Taubenschwänzchen, das wegen seiner unglaublich schnellen Flügelschläge auch als Kolibri-Falter bezeichnet wird, lässt sich immer wieder blicken.

„Der Terrassengarten hat unser Zusammenleben massiv beeinflusst", resümiert Regina. Die wenigen Konflikte, die es hin und wieder gebe, seien vor allem auf persönliche Probleme zurückzuführen. Diese gelte es zu ergründen, zu besprechen und schließlich gemeinsam zu lösen. Besonders schön sei es, viele unterschiedliche Menschen mit ihren vielfältigen Schwerpunkten näher kennenzulernen. „Wir wollen eigentlich alle hier unseren Feierabend verbringen. Nach der Arbeit komm ich hier herauf und gieße. Und wenn jemand dazukommt, freue ich mich. Wir lassen auch immer offen, das heißt, es können auch andere dazukommen." Besonders Kinder, die im Gemeindebau und in den Höfen frei herumlaufen können, kämen oft. „Dann lassen wir sie zum Beispiel eine Ribisel kosten und sie sagen: ‚Wäh, ich will lieber eine Erdbeere', und so." Unter den Gärtner*innen gebe es welche, die sich lieber um die Verzierungen der Beete kümmerten, und welche, die lieber Unkraut jäteten. Um diese Vielfalt weiter wachsen und gedeihen zu lassen, wünscht sich Regina, dass immer wieder neue Leute hinzukommen. Die Gruppe solle offen bleiben, damit auch andere Leute hineinwachsen können.

Die Pläne für die nächste Zukunft betreffen das Sommerfest, das dieses Jahr Anfang September, wenn die Schulferien bereits zu Ende sind, stattfinden soll, sowie die Anschaffung einer neuen Sitzgarnitur unter der weinumrankten Pergola. Vor Jahren hätten sie auf der Internetplattform willhaben ein abgebautes Hochbett gefunden, erzählt Regina. Mit vereinten Kräften bauten sie daraus die Pergola, deren Schatten besonders an heißen Sommertagen sehr willkommen ist. Nun sei eine neue Sitzgarnitur gefragt, Geld dafür soll aus der Gemeinschaftskassa kommen. Irene, die, wie sie sagt, selbst „ein bisserl beim Film" ist, verrät, wodurch sich diese Kassa unter anderem füllt: Der Terrassengarten mit seinem Ausblick stelle immer wieder einen reizvollen Drehort für Film- und Fernsehproduktionen dar. Sie selbst komme oft „zum Ausatmen" hier herauf. Zu nachbarschaftlichen Terrassenbesuchen verabrede sie sich gerne und genieße diesen gemeinsamen Ort in vollen Zügen. „Für uns ist die Bassena der Garten, da kommen wir zusammen, das ist sehr angenehm", meint Hannes und bezieht sich auf die Wasserstelle in den alten Häusern der Gründerzeit, als ein eigener Wasseranschluss in den Wohnungen noch nicht Standard war. An der Bassena wurde nicht nur Wasser geholt, es wurden Neuigkeiten ausgetauscht, es wurde geplaudert und am nachbarschaftlichen Netzwerk gesponnen.

In die gemeinschaftliche Pflege der Gärten, die am Rand von Wohnhausanlagen, in nahe gelegenen Parks, auf dem Dach oder mitten im Hof liegen, fließen nicht nur wachsende Kenntnisse und Erfahrungen im Umgang mit Pflanzen: In ihnen gedeihen Nachbarschaften, die sich durch Toleranz und Offenheit, durch die Fähigkeiten, sich selbst zu organisieren, gemeinsame Regelwerke und Handlungsweisen zu entwickeln, auszeichnen. Auch in diesem Sinne gilt es, in Zeiten des Klimawandels und im Zuge ökonomischer Krisen die Städte auf neue, ökologische und solidarische Arten und Weisen zu „kultivieren". „Gut gesagt", sagt der Candide des 21. Jahrhunderts schmunzelnd, „aber zuallererst müssen wir unseren Garten bestellen."

Zeitzeug*innen erzählen —

DAS ZEITZEUG*INNENPROJEKT DER SIEDLUNG AN DER SIEMENSSTRASSE IN FLORIDSDORF

„Vor gut zwei Jahren haben mich Reporter von *Wien Heute* zur Entstehung unseres Zeitzeugenprojekts interviewt. Und da ist mir spontan folgender Vergleich eingefallen: Vor siebzig Jahren ist hier der Grundstein gelegt worden und siebzig Jahre später haben mein Mieterbeiratskollege Herr Podlesak und ich den Grundstein für dieses Zeitzeugenprojekt gelegt. So wie nach der Grundsteinlegung an der Siedlung weitergebaut wurde, so ist auch dieses Projekt gewachsen und immer mehr Menschen sind dazugekommen." Leo Marek ist hier in der Siedlung geboren und aufgewachsen, er hat den Kindergarten in der nahe gelegenen Brünner Straße besucht und in der Reisgasse die Hauptschule. Mit fünfzehn hat er Installateur gelernt und in diesem Beruf gearbeitet. Heute ist er in Pension und wohnt immer noch hier – in der Siedlung an der Siemensstraße in Floridsdorf.

"

Die eigenen Erinnerungen und Erfahrungen an nachkommende Generationen weiterzugeben ist vielen Menschen ein Bedürfnis.

In den letzten Jahren sind einige Zeitzeug*innenprojekte bei wohnpartner entstanden – über den Goethehof in Kaisermühlen und die sogenannten „Ziegelböhmen" in Favoriten, um nur zwei davon zu nennen. Die eigenen Erinnerungen und Erfahrungen an nachkommende Generationen weiterzugeben ist vielen Menschen ein Bedürfnis. Gleichzeitig taucht bei Bewohner*innen oftmals die Frage auf, warum diese Siedlung beziehungsweise dieser Gemeindebau entstanden ist und wie das Leben hier früher ausgesehen haben mag. Denn in jedem Haus stecken viele Geschichten: die Lebensgeschichten der Bewohner*innen ebenso wie die aus jener Zeit, in der das Gebäude errichtet wurde. Dank des Engagements der Zeitzeug*innen sowie der Kooperation zwischen wohnpartner, dem Wien Museum und der Wiener Wohnbauforschung, der MA 50, konnte einiges über die Siedlung an der Siemensstraße zutage gebracht werden.

DIE AUSSTELLUNG TERRA NOVA

Am 9. Oktober 2020 wurde die Ausstellung *Terra Nova. 70 Jahre Siedlung Siemensstraße in Floridsdorf* eröffnet. Als Ausstellungsort dient eine Wohnung in der Siedlung, eine Duplex-Wohnung – mehr dazu später –, die sich in der Scottgasse 5 auf der Stiege 107 befindet. Viele der Ausstellungsgegenstände und das historische Bildmaterial stammen von den Bewohner*innen selbst. Vor allem eine Zeitzeugin hatte wahre Schätze aus der Vergangenheit zu Hause verwahrt. Um wen es sich dabei handelt und wie sie geborgen wurden, wird noch erzählt werden. Bis in den März 2021 war die Ausstellung zunächst zu sehen, die Zeitzeug*innen gaben bereitwillig Führungen durch die Anlage. Dann kam Corona. Im Frühjahr 2022 ging es wieder weiter mit der Ausstellung und den Führungen. Der Zuspruch ist groß. Ein Podcast bietet allen Interessierten, die es nicht nach Floridsdorf schaffen, die Möglichkeit, Bedeutendes über die Siedlung zu erfahren und den Erinnerungen aus erster Hand im Radioformat zu lauschen.

Was ist so interessant an dieser Siedlung, die sich tief in Floridsdorf, zwischen Siemensstraße und Ruthnergasse, ausbreitet und die näher zum Marchfelder Kanal als zur Donau liegt?

Der Kulturhistoriker Wolfgang Fichna, der als Teil des kuratorischen Teams die Ausstellung mitkonzipierte, fasst die Besonderheiten der Wohnhausanlage so zusammen: „Die Siedlung in der Siemensstraße ist der größte Bau jener Phase nach dem Zweiten Weltkrieg, in der es galt, schnell und günstig Wohnungen zu bauen."

Nach dem Krieg waren über 86.000 Wohnungen zerstört oder so beschädigt, dass sie nicht mehr bewohnt werden konnten. Besonders betroffen war Floridsdorf. Insgesamt waren in der Nachkriegszeit in Wien 230.000 Menschen auf der Suche nach einem geeigneten Wohnraum. Da galt es unverzüglich zu handeln. Wohnbaustadtrat Franz Jonas hatte Ende der 1940er-Jahre ein Schnellbauprogramm erlassen, um die akute Wohnungsnot zu lindern. Der für die Siedlung in der Siemensstraße beauftragte Architekt war in Wien gut bekannt.

Franz Schuster war bereits in der Zeit des Roten Wien ein gefragter Baufachmann, nachdem er sich nach dem Ersten Weltkrieg bei der Planung von Siedlungsanlagen einen Namen gemacht hatte. Bekannt war er auch

als Architekt von Kindergärten, der eine frühe Form des kindgerechten Bauens verwirklichte. In den späten 1920er-Jahren ging er nach Frankfurt, kehrte aber 1933 wieder zurück nach Wien. Vier Jahre später wurde er Leiter der Fachklasse für Architektur an der Hochschule für angewandte Kunst. Während der NS-Zeit zeigte er sich als angepasster Zeitgenosse. Auch darauf wird in der Ausstellung *Terra Nova* Bezug genommen. Zu sehen ist unter anderem ein monströser Entwurf für ein „Wiener Parteiforum" des Architekten. Einen Großteil des jüdisch geprägten zweiten Wiener Gemeindebezirks wollte er einebnen, um ihn zu einer Art Aufmarschplatz umzufunktionieren, der sich, ganz nach dem Vorbild des Reichstagsgeländes in Nürnberg, hin zu einem kolossalen Parteigebäude im Bereich der heutigen Donauplatte mit ihren Hochhäusern und der UNO City erstrecken sollte. Schuster blieb mit dem Ende des NS-Regimes ein einflussreicher Architekt, arbeitete wieder als Professor an der Akademie für angewandte Kunst und gestaltete mit seinen planerischen Tätigkeiten auch den Wiederaufbau Wiens mit. Die Siedlung an der Siemensstraße wurde eine seiner wichtigsten Arbeiten.

Diese Schrägluftaufnahme zeigt die Siedlung
Siemensstraße im Jahr 1956.

Auf einer Tafel in der Ausstellung ist zu lesen: „Mit mehr als 1.700 Kleinwohnungen zählt die Anlage zu den städtebaulichen Vorzeigeprojekten der Zeit und fand international Beachtung." Diese „internationale Beachtung" soll hier näher ausgeführt werden.

1954 fand in der indischen Hauptstadt Neu-Delhi eine Ausstellung zu „Low Cost Housing", also zum kostengünstigen Wohnbau statt. Eingeladen war auch die Stadt Wien. Ihr Anschauungsbeispiel dafür, wie leistbarer Wohnraum, der trotzdem hohen Qualitätskriterien entspricht, gebaut werden kann, war die Siedlung in der Siemensstraße.

Wie auch die Gemeindebauten, die in der Zeit des Roten Wien errichtet wurden, war diese Anlage vor allem von den weitläufigen Frei- und Grünflächen geprägt. Diese tragen bis heute wesentlich zu einer hohen Wohnzufriedenheit bei. Als infrastrukturelle Besonderheit befindet sich in der Siedlung bis heute der schon fast obligatorische Kindergarten, aber es gab auch ein Volksheim und eine Heimstätte für alte Menschen. Während die restlichen Häuser meist zweistöckig errichtet wurden, hatten Letztere, die speziell für ältere Bewohner*innen gedacht

waren, nur ein Erdgeschoß – kein mühsames Stiegensteigen, aber aufgrund einer Stufe zur Eingangstür trotzdem nicht ganz barrierefrei. Auch Werkstätten und Geschäftsflächen befanden sich früher in der Anlage. Die Wohnungen selbst waren klein, sie bestanden aus Zimmer, Küche, Vorraum und WC. Badezimmer waren zu Beginn keine vorgesehen, dafür gab es in der Siedlung ein Tröpferlbad mit Duschen. Für die Möbel gab es wenig Platz, daher konnte man viele zusammenklappen oder ausziehen.

Die Wohnungen hatten je rund 32 Quadratmeter und waren als sogenanntes Duplex-System konzipiert. Das bedeutet, dass sich auf jedem Stock exakt spiegelverkehrte Kleinwohnungen befinden, die bei Bedarf zusammengelegt werden können. Zumindest in der Theorie konnte der Wohnraum relativ einfach verdoppelt werden. Ob das wirklich so einfach ging, wie es sich anfühlte, in den recht kleinen Wohnungen zu leben, und wie das Aufwachsen in der Siedlung war, darüber wissen die Zeitzeug*innen zu berichten.

Das Zeitzeug*innenprojekt hat einiges bewirkt.
Durch die gemeinsamen Treffen sind sich viele
der älteren und einstigen Bewohner*innen der
Siedlung nähergekommen.

ERINNERUNG AN KINDHEIT UND JUGEND IN DER SIEMENSSTRASSE

Martha Misof ist 1952 im Alter von zehn Jahren in der Siedlung eingezogen. Ihre Mutter hatte beim Bau mitgearbeitet: „Sie war ein Malta-Weiberl, wie man früher so gesagt hat. Sie war auch Fliesenlegerin und später hat sie dann im Rathaus als Bedienerin gearbeitet." Ihr Vater war als Stuckateur tätig. Zwei Wohnungen hatten ihre Eltern zur Auswahl gehabt, eine in Oberlaa und eine in der Siemensstraße. Diese hier habe ihnen besser gefallen – Zimmer, Küche, Vorzimmer und WC. „Wir mussten zwar mit der Straßenbahn fahren und wir haben uns gedacht, da kommen wir jetzt ans Ende der Welt. Da war nichts – nur Felder und Wiesen!" Frau Misof ist in der Reisgasse zur Schule gegangen, hat 1962 geheiratet, ist dann ausgezogen und über viele Umwege 1967 schließlich wieder in der Siedlung gelandet: als Hausbesorgerin. „Es war eine schöne Tätigkeit", sagt sie, „mir hat der Beruf Spaß gemacht. Es war manchmal anstrengend, denn im Winter haben wir viel Schnee gehabt. Mein Kind war ein Jahr alt, das habe ich nicht mehr gesehen, so

hoch waren die Schneewächten." Der Tätigkeitsbereich einer Hausbesorgerin hat sich seitdem verändert. Neben der Reinigung gehörten früher auch die Schlüsselausgabe und die Einkassierung des Mietzinses dazu. „Wir haben Trockenraumschlüssel ausgegeben und die Waschküche eingeteilt, wer wann waschen kann, und dann die Schlüssel ausgegeben."

Martha Misof und Leo Marek wissen auch noch über andere Regeln aus dieser Zeit zu berichten. So durften die Grünflächen von den Kindern nicht betreten werden. Gespielt wurde auf speziellen Betonflächen, die es auch heute noch gibt. „Es war kein fester Beton, sondern er war griaslert. Ist man hingefallen, hat man offene Knie gehabt", erinnert sich Frau Misof und ergänzt: „Später haben wir auf diesen Beton Decken aufgelegt, für unsere Kinder. Da haben sich Leute bei der Gemeinde beschwert und wir mussten die Decken weggeben." Es gab damals aber noch andere Ausweichmöglichkeiten. Leo Marek erzählt von seinen Erlebnissen: „Als Kinder wollten wir natürlich Fußball spielen, aber in der Wiese durften wir nirgends spielen. Was haben wir gemacht? Wir sind rüber auf das Feld, haben das Feld etwas hergerichtet:

Als Kinder wollten wir natürlich Fußball spielen, aber in der Wiese durften wir nirgends spielen. Was haben wir gemacht? Wir sind rüber auf das Feld, haben das Feld etwas hergerichtet: Bei einem Tischler haben wir uns ein paar Stecken machen lassen, mit denen haben wir die Tore abgesteckt, und so haben wir am Feld Fußball gespielt.

Dieses historische Bild aus den
1950er Jahren zeigt einen Friseur-
salon in der Berzeliusgasse im
21. Wiener Gemeindebezirk.

Bei einem Tischler haben wir uns ein paar Stecken machen lassen, mit denen haben wir die Tore abgesteckt, und so haben wir am Feld Fußball gespielt. Und im Winter, da haben wir auf den Betonflächen Eishockey gespielt. Mit Gummibällen. So war es damals in den Höfen."

Frau Strobach war drei Jahre alt, als die Siedlung fertig war. Die Großeltern waren es, die eine Zuweisung für eine Wohnung in der neu errichteten Anlage der Gemeinde bekommen hatten. „Die waren in der Ruthnergasse bombengeschädigt und waren notdürftig in einer kleinen Wohnung untergebracht, mit Klo und Wasser am Gang. Sie haben aber auf die neue Wohnung verzichtet, damit meine Eltern und ich hierherziehen können. Mir wurde erst später bewusst, worauf meine Großeltern da verzichtet haben. Sie haben bis zu ihrem Tod in dieser kleinen Wohnung gelebt – Wasser von der Bassena holen und Klo mit anderen Mietern teilen. In der Siedlung war es besser. Ich konnte mit dem Nachthemd aufs Klo gehen und musste mich nicht dafür anziehen."

Dennoch seien die beengten Wohnverhältnisse für ein Mädchen oder eine junge Frau nicht angenehm gewesen, erinnert sich Frau Strobach. „Ich habe keine Geschwister, aber es war trotzdem eng. Ich habe darunter gelitten, keine Tür zumachen oder einen Vorhang vorziehen zu können, um ein paar Stunden unbeobachtet zu sein. Wenn man nur ein Zimmer hat, geht das nicht." Auch als sie heiratete und ein Kind bekam, wohnte sie noch ein ganzes Jahr bei ihren Eltern. „Wir waren dann vier Erwachsene und ein Baby. Das war mühsam. Da muss man alles zerlegen, zweimal am Tag, einmal auf- und einmal zuklappen, umdrehen und ausziehen oder den Tisch wegstellen. Für das Kind hat es ein eigenes Wagerl gegeben, das mein Vater und mein Mann angefertigt haben. Es ist sich dadurch genau ausgegangen, dass wir alle im Zimmer Platz hatten." Bei diesen beengten Wohnverhältnissen konnte es auch vorkommen, dass in der Küche geschlafen wurde, erzählt Frau Strobach. „Mein Vater hat viel unternommen und wenn er abends heimgekommen ist, dann hat er sich in die Küche gelegt, denn er hat so geschnarcht, das wäre nicht anders gegangen."

Von beengten Wohnsituationen kann auch Otto Strnadel berichten: „53 Quadratmeter und zwei Kinder. Wir hatten ein Schlafzimmer, ein Wohnzimmer und ein klei-

53 Quadratmeter und zwei Kinder. Wir hatten ein Schlafzimmer, ein Wohnzimmer und ein kleines Kinderzimmer, Bad und Klo. Das Schlafzimmer war der größte Raum der Wohnung.

nes Kinderzimmer, Bad und Klo. Das Schlafzimmer war der größte Raum der Wohnung. Das war ein Witz." Strnadel ist gegenüber der Siedlung aufgewachsen, aber von seiner Kindheit an mit ihr verbunden.

DER GRUNDSTEIN

„Vor sechs Jahren hatten mein Kollege im Mieterbeirat, Herr Podlesak, und ich die Idee gehabt, die Geschichte der Siedlung herauszugeben. Die Siedlung hat ja keinen Namen, sie heißt ‚an der Siemensstraße'. Wenn man sich die anderen großen Gemeindebauten anschaut, dann haben die alle einen Namen: der Karl-Marx-Hof, der Karl-Seitz-Hof und so weiter. Unsere Siedlung ist über die Jahre ein bisschen in Vergessenheit geraten." So kam Leo Marek schließlich auf die Idee, durch die Aufarbeitung ihrer Geschichte diese Siedlung aus der Vergessenheit zu holen. Doch wie und wo sollte er beginnen? Da kam ihm folgende Überlegung zu Hilfe: „Immer, wenn etwas gebaut wird, gibt es eine Grundsteinlegung." Also machte er sich auf die Such nach einer Dokumentation dieser Grundsteinlegung. „Mein erster Weg führte mich

ins Rathaus, in die Bibliothek, und dort habe ich mich erkundigt. Mit einer netten Mitarbeiterin haben wir das Ganze herausgesucht und schließlich die Urkunde von der Grundsteinlegung gefunden. Sie war am 5. August 1950. Und es war auch ein Foto dabei. Auf diesem sieht man den Bürgermeister Körner und den Wohnbaustadtrat Jonas. Im Hintergrund steht ein Gebäude mit Rundfenster. Wir haben weiter geforscht und herausgefunden, dass es sich dabei um das Haus vom Kindergarten in der Osergasse handelt. Dadurch sind wir draufgekommen, wo die Grundsteinlegung war, und zwar in der Wankläckergasse, Ecke Reisgasse. Das Ganze hab ich dann der Bezirksvorstehung vorgelegt, später ist wohnpartner dazugekommen und so ist das Projekt entstanden."

Das ist jedoch nur ein Teil der Geschichte: Martha Misof erinnert Leo Marek an den Besuch bei der Familie Strobach, woraufhin dieser sofort zu erzählen beginnt, wie es dazu kam, dass er Mitarbeiter*innen von wohnpartner kontaktierte. Als engagierter Mietervertreter hatte er guten Kontakt zu der Einrichtung. „Die Rosi vom Pensionistenheim hat mir gesagt, da gibt es wen, die Familie Strobach. Dann bin ich hin, hab mich

Die Bewohner*innen der Siemensstraße genießen das üppige Grün
der Wohnhausanlage.

vorgestellt, bin reingebeten worden und war dann fast zweieinhalb Stunden dort. Ich kann mich erinnern, die Frau Strobach ist heruntergekommen, hat mir Bilder gebracht, ist dann wieder rauf und hat mir immer mehr Bilder über Bilder von früher hingelegt. Ich bin dann zu wohnpartner gegangen und hab gesagt: Bitte helft uns, das ist mir viel zu viel." Ein Schmunzeln breitet sich in Leo Mareks Gesicht aus. In der Ausstellung sind einige dieser Fotos aus dem Familienalbum und andere Gegenstände von Frau Strobach zu finden. Wie es dann weiterging, erzählt sie selbst: „2018 haben wir bemerkt, dass es mehrere Zeitzeugen gibt, und haben uns dann im Grätzl-Zentrum getroffen." Dieses befindet sich in der Ruthnergasse 56–60.

Für genau diese Art von nachbarschaftlichen Anliegen und Aktivitäten sind Grätzl-Zentren da. In Wien gibt es insgesamt sechs davon, eines ist in Floridsdorf. Dort haben sich die Zeitzeug*innen zunächst einmal im Monat getroffen. „Es wurde schon recht dicht, wir konnten schon einen Meldezettel ausfüllen", sagt Frau Strobach lachend, „so oft waren die Treffen." Es wurde erzählt, Fotos wurden gezeigt und Erinnerungen ausgetauscht. „Es ist ja so", erklärt sie, „einer fällt

etwas ein, was der andere schon vergessen hat, der erinnert sich daran und dann ist es wie im Schneeballsystem. Und schön langsam kommt alles zusammen." „Genau, da hat man sich gedacht: Jössas, des war ja so, und dann hat man sich erinnert", wirft Otto Strnadel ein. „Oder man überlegt sich, wer könnte das wissen? Und man geht ihn dann fragen oder nimmt ihn zum nächsten Treffen gleich mit." Frau Strobach nickt Frau Misof wissend zu, denn so ist auch sie dazugekommen: „Christiane hat mich angerufen und gefragt: Willst mitmachen? Ich hab gesagt: Ich schau mir das mal an." Nach einer kurzen Nachdenkpause, so als wäre sie immer noch überrascht von der Resonanz, fügt sie hinzu: „Und dann ist auch noch ein Buch herausgekommen!"

Im Juni 2021 ist im Wiener Mandelbaum Verlag auf Betreiben des Wien Museums das Buch *Wohngeschichten aus den 1950er/60er Jahren. Die Siedlung Siemensstraße in Wien-Florisdorf* erschienen. Herausgeben wurde es von vier Personen des Kurator*innenteams der Ausstellung: Wolfgang Fichna, Werner Michael Schwarz, Susanne Winkler vom Wien Museum und Georg Vasold von der Universität Wien. „Das, was

die Historiker gefunden haben, war auch für mich sehr interessant. Jetzt verstehe ich einiges von unserer Siedlung besser", schließt Frau Strobach voller Anerkennung. In diesem Sinne ist dieses Projekt ein Idealfall: Darin wird die Expertise der Zeitzeug*innen mit jener Fachkenntnis ergänzt, die aus wissenschaftlicher Forschung resultiert.

„DIE NEUE NACHBARSCHAFT"

Franz Schuster, der Architekt der Siedlung, hat für die Erschließung des Gebiets auf das Konzept der „Neuen Nachbarschaft" zurückgegriffen, das in den 1920er-Jahren in den USA entwickelt und auch in England und Schweden aufgenommen wurde. Die Grundidee ist, kleine Siedlungseinheiten zu bauen, für 5.000 bis 10.000 Menschen, mit guter Infrastruktur, die fußläufig zu bewältigen ist. Nach 1945 wurde diese Idee auch in Österreich aufgegriffen, eben von Franz Schuster.

Die Siedlung an der Siemensstraße fügte sich nicht nur nachbarschaftlich in die umliegenden großen Industriebetriebe ein, wie das Siemens-Werk oder das Gaswerk Leopoldau, in denen viele Bewohner*innen arbeiteten. Die „Neue Nachbarschaft" betraf auch die Siedlung selbst. Den Bedürfnissen einer politisch und sozial fragmentierten Gesellschaft nach dem Zweiten Weltkrieg sollte Rechnung getragen werden. Alleinstehenden oder verwitweten Personen, älteren Menschen und Familien mit Kindern sollte die Siedlung ein gutes Zuhause bieten. Dazu gehörten die großzügigen Grünanlagen, die Wege und eine entsprechende Infrastruktur. Frau Misof erinnert sich an die verschiedenen Geschäfte in der Anlage: „Es gab ein Milchgeschäft, ein Gemüsegeschäft, einen Schuster, eine Greißlerei, da konnte man sogar monatlich aufschreiben. Früher sind auch noch Eiswägen gefahren, das waren Pferdefuhrwerke, auf denen die Eisblöcke geladen waren, die man sich für den Eiskasten kaufen konnte. Zu der Zeit hatte man ja noch keinen Kühlschrank. Ansonsten gab es noch eine Anker-Bäckerei, einen Fleischhauer, eine kleine Trafik und eine Konditorei. Alles, was man so gebraucht hat."

Nach dem Krieg gab es in der Siedlung aber noch eine Besonderheit, an die sich Frau Misof erinnert: Übergangswohnungen

„

Die Nachbarschaft
hier? Die ist normal.
Manchmal gibt es
mit den Kindern ein
Gwirkst. Aber der
Großteil der Mieter
hier ist freundlich.

für bombengeschädigte Gemeindemieter*innen. „Es gab Bauten, in denen befanden sich Durchzugswohnungen. Die Gemeinde hat Wohnungen gebraucht für Menschen, deren Wohnung im Krieg zerbombt wurde. Die sind für zwei Jahre eingezogen und dann wieder in ihre instand gesetzte Wohnung gezogen. In diesen Häusern war immer ein Wechsel."

Auch in der Siedlung hat es einen Wechsel gegeben. Viele der ersten Mieter*innen sind ausgezogen oder verstorben. Angesichts der heutigen Nachbarschaft zeigt sich die ehemalige Hausbesorgerin weder euphorisch noch enttäuscht: „Die Nachbarschaft hier? Die ist normal. Manchmal gibt es mit den Kindern ein Gwirkst. Aber der Großteil der Mieter hier ist freundlich." Für sie ist eine gute Nachbarschaft, wenn man einander grüßt. Die historische Aufarbeitung der Siedlungsgeschichte habe die neuen Mieter*innen jedoch nur wenig interessiert.

Auch Frau Strobach sieht die Form der Nachbarschaft, wie sie diese als Kind und Jugendliche erlebt hat, nicht mehr: „Die Verbundenheit ist nicht mehr so wie früher. Da hat man sich gekannt und hatte viel mehr Kontakt. Natürlich gab es auch Streitereien, aber man hat sich das ausgeredet. Und wir, wir waren alle Hofkinder." Das Zeitzeugenprojekt hat für sie jedoch einiges bewirkt. Durch die gemeinsamen Treffen seien sich viele der älteren und einstigen Bewohner*innen der Siedlung nähergekommen. „Teilweise kannte man sich zwar vom Sehen und dem Namen nach. Richtig kennengelernt haben wir uns aber eigentlich erst durch das Projekt", erzählt Leo Marek. „Nur den Otto, den hab ich schon länger gekannt", Frau Strobach blickt zu Otto Strnadel, der ihr spitzbübisch zunickt, „wir kennen uns schon seit unserer Kindheit."

Sich gemeinsam an vergangene Zeiten zu erinnern kann manchmal schmerzhaft sein, etwa dann, wenn es sich um schwierige und belastende Ereignisse handelt; es kann erheitern, wenn es um Kinder- und Jugendstreiche oder um die ersten Küsse geht; es kann aber auch versöhnlich sein: „Für mich war das Projekt wichtig", sagt Frau Strobach,

Sich gemeinsam an vergangene Zeiten zu erinnern kann manchmal schmerzhaft sein, etwa dann, wenn es sich um schwierige und belastende Ereignisse handelt; es kann erheitern, wenn es um Kinder- und Jugendstreiche oder um die ersten Küsse geht; es kann aber auch versöhnlich sein.

„Früher hat man sich untereinander gekannt und
hatte viel mehr Kontakt. Natürlich gab es auch
Streitereien, aber man hat sich das ausgeredet.
Und wir, wir waren alle Hofkinder."

„da ich mich versöhnt habe mit der Enge, mit der ich so viele Jahre gekämpft habe. Vor allem in der Pubertät. Ich wollte ein bisschen anders sein. Wir Mädels durften keinen Lippenstift verwenden, es war nicht so wie jetzt, es war nicht geduldet. Ich habe rote Zuckerln gekauft und wenn ich um die Ecke gegangen bin, hab ich rote Lippen daraus gemacht. Aber das hat man nicht in der Wohnung machen dürfen, denn da war ich ja pausenlos gesehen." Frau Misof zeigt sich stolz, bei diesem Zeitzeug*innenprojekt mitgemacht zu haben, es habe ihr auch Spaß gemacht.

Wie es mit der Zeitzeug*innen-Runde weitergeht? „Wir wollen uns einmal im Quartal treffen", meint Frau Strobach. „2020 war ein Fest geplant. Zur Grundsteinlegung. Mit Musik. Leider ist Corona dazwischengekommen, aber wir planen weiterhin, ein Fest zu machen", ergänzt Leo Marek und gibt sich zuversichtlich. Aus den Augen verlieren wollen sie sich nicht mehr. Und wer weiß, vielleicht kommt es doch noch zu einer Hofbenennung und die Siedlung an der Siemensstraße bekommt einen würdigen Namen.

„Wir könnten alle gemeinsam mehr für das Klima machen"

BERUFSSCHÜLER*INNEN SPRECHEN ÜBER DAS WOHN- UND STADTKLIMA IN WIEN

„Ich habe keine Träume, sondern Pläne", sagt E. und beschließt damit ihre Ausführungen darüber, wie sie später einmal wohnen möchte. „Ich werde ein Haus haben, nicht in Wien, aber in der Nähe von Wien, sodass ich maximal 45 Minuten mit dem Auto in die Stadt brauche. Das Haus will ich aber privat haben, mit meiner Familie, also mit meinem Mann. Es muss so gebaut sein, dass die Nachbarn nicht reinschauen können, denn ich möchte Privatsphäre. Es gibt einen Pool, das ist schon klar. Und was ich ganz wichtig finde: Ich brauche ein Fenster, wie in den Filmen, das so groß ist, dass man gemütlich auf dem breiten Fensterbrett sitzen und hinausschauen kann. Das ist mein Traum, seit ich zehn bin. Und ich werde natürlich auch ein Ferienhaus haben – ich mag Italien, dort werde ich mein Ferienhaus haben."

Schüler*innen an der Berufsschule für Handel und
Reisen im fünfzehnten Wiener Gemeindebezirk
sprechen über ihre Vorstellungen zum Thema Wohnen und Nachbarschaft.

Ich habe keine
Träume, sondern
Pläne.

E. ist Schülerin an der Berufsschule für Handel und Reisen im fünfzehnten Wiener Gemeindebezirk. Jährlich werden dort insgesamt an die 1.300 Lehrlinge in zehn verschiedenen Branchen ausgebildet. Das Spektrum reicht vom Archiv-, Bibliotheks- und Informationswesen über die Buch- und Medienwirtschaft bis hin zum Bahnreise- und Mobilitätsservice. Die Stimmung in der Klasse des zweiten Jahrgangs, den angehende pharmazeutisch-kaufmännische Assistent*innen besuchen, ist heiter, als es um die Frage geht, wie jede*r am liebsten wohnen möchte. Die meisten der Sechzehn- und Siebzehnjährigen träumen von großen Häusern, in denen sie mit ihren Familien am Land oder am Meer leben. Ein Schüler wünscht sich für sein Haus im Südburgenland oder in der Südoststeiermark bessere Zugverbindungen, damit er nicht immer mit dem Auto fahren muss. Eine Schülerin träumt von einem Haus „mit urvielen Zimmern": „Ich hätte am liebsten auch so einen Wintergarten mit japanischen Blumen und einen eigenen Raum für meine ganzen Kleider und dann noch einen für meine Haustiere und einen für meine Anime-Sachen. Einen eigenen Game-Bereich und einen Garten mit Whirlpool hätte ich auch gerne." Als Haustie-

re wünscht sie sich große japanische Hunde, Katzen, Hasen und Fische. „Da hast du ja die ganze Nahrungskette beisammen", sagt einer ihrer Kollegen lachend und ein anderer wirft ein: „Also auf gut Deutsch: Du möchtest einen ganzen Zoo haben."

Eine Schülerin träumt von einer Dachgeschoßwohnung in New York, um die Skyline jeden Tag betrachten zu können. Eine andere würde gerne in Italien, in der Toskana, leben. Sie interessiere sich sehr für Kunstgeschichte und eine Medici-Villa zu kaufen, das sei ihr „absoluter Traum". Mit köstlichem Käse und exquisitem Wein die Aussicht auf die berühmte Landschaft und überhaupt das Leben zu genießen sei ihr Ziel. In ihrer Renaissance-Villa würde sie das ganze Jahr über leben und als Künstlerin arbeiten. Sie male sehr gerne und gut und habe, als sie noch im Gymnasium gewesen sei, in einer Kunstgalerie gearbeitet.

„DAS IST GUTE NACHBARSCHAFT FÜR MICH"

Die in ausgelassener Stimmung erzählten und prächtig ausgeschmückten Wohnträume der Schüler*innen unterscheiden sich wenig voneinander; sehr wohl unterscheiden sie sich – in je unterschiedlichem Ausmaß – von ihren aktuellen Lebensrealitäten. Während die einen regelmäßig mit ihren Eltern in ein Ferienhaus am Land fahren, teilen sich andere mit mehreren Geschwistern ein Zimmer. Die meisten leben in Mietwohnungen, ein Schüler erzählt von einer großen Altbauwohnung im dritten Bezirk, die seiner Großmutter gehöre, ein anderer von einem Zweifamilienhaus in der Nähe von Pötzleinsdorf. Eine Schülerin meint lachend, dass sie seit Kurzem im „wunderschönen zehnten Bezirk" wohne: „Ich bin vom Wilhelminenberg in den zehnten nach Neulaa, in die Per-Albin-Hansson-Siedlung gezogen. Dort ist es sehr grün, wirklich. Dort sind so viele Tiere: Ich habe Igel vor meiner Tür, ein Eichhörnchen ist mir heute vor die Füße gelaufen. Der Oberlaa-Kurpark ist auch nur zehn Minuten zu Fuß entfernt. Es gibt viele Geschäfte und es ist sehr ruhig, also ich höre die Nachbarn gar nicht …" Als sie schnell hinzufügt, dass die Nachbarn „nur uns hören würden", lachen alle. Viele Senior*innen lebten in diesem Gemeindebau: „Es gibt da auch ein Pensionistenheim, ja, die sind manchmal

gelangweilt und beschweren sich über viele Sachen." In der Wohnhausanlage werde viel gebaut, „so ein Gemeinschaftsgarten zum Beispiel, so richtig schöne Sachen, und darüber beschweren sie sich, weil sie nichts anderes zu tun haben. Aber sonst ist es dort sehr schön, ich bin sehr zufrieden."

Im Großen und Ganzen verstehen sich die meisten mit ihren Nachbar*innen ganz gut. Einige berichten von punktuellen Problemen, die, wie so oft, mit Lärm zu tun haben. So schimpft etwa eine Schülerin ausgiebig über „die Nachbarn", die ständig bis spät in die Nacht hinein Partys feierten und Beschwerden gegenüber vollkommen uneinsichtig seien: „Sie müssen sich vorstellen, die haben Geburtstag gefeiert und die Polizei ist schon gekommen, aber die haben den anderen Nachbarn die Schuld gegeben – sollen die halt einfach die Fenster zumachen …" Nein, sie sei „wirklich nicht glücklich" mit ihren Nachbarn. Ein Schüler erzählt von einem Vorfall mit einem E-Scooter: Er wohne in Floridsdorf in einer Genossenschaftswohnung und sei dort von einem seiner Nachbarn „beinahe erschlagen worden, weil ich einen E-Scooter vor die Haustür gestellt habe". Der Konflikt sei aber gelöst und niemand sei „er-

> **Ich brauche ein Fenster, wie in den Filmen, das so groß ist, dass man gemütlich auf dem breiten Fensterbrett sitzen und hinausschauen kann. Das ist mein Traum, seit ich zehn bin.**

schlagen" worden. Von einem anderen Konflikt, der nur mithilfe einer Zeugin beigelegt werden konnte, berichtet eine Schülerin: „Diese Hausmeisterin, sie ist auch Serbin, sie ist wirklich so, so … Sie gibt immer mir die Schuld: Ich hab immer wieder Freunde mit nach Hause genommen und manchmal haben die im Stiegenhaus auf mich gewartet. Es wurden öfter die Wände beschädigt von anderen Menschen, die ins Haus gekommen sind, und die Hausmeisterin hat dann immer mir die Schuld gegeben. Ich musste erklären, dass ich es nicht war, und dann hat sie meine Mutter geholt. Die hat aber zu ihr gehalten. Meine damalige beste Freundin hat bezeugt, dass ich es nicht war, und erst dann wurde mir geglaubt. Meine Freundin wusste, dass ich es nicht war, weil wir den ganzen Tag zusammen waren."

Eine gute Nachbarschaft sei schon von Bedeutung, darin sind sich die Schüler*innen einig. „Wenn man ein schönes Nachbarschaftsverhältnis hat, jeden schon eine Ewigkeit kennt und so Nachbarschaftshilfe machen kann, das finde ich relativ wichtig. Man muss darauf achten, dass das schön ausgewogen ist", meint ein Schüler. Eine Schülerin erzählt: „Früher haben wir

Ich hätte am liebsten auch so einen Wintergarten mit japanischen Blumen und einen eigenen Raum für meine ganzen Kleider und dann noch einen für meine Haustiere und einen für meine Anime-Sachen.

Ich bin vom Wilhelminenberg in den zehnten nach Neulaa, in die Per-Albin-Hansson-Siedlung gezogen. Dort ist es sehr grün, wirklich. Dort sind so viele Tiere: Ich habe Igel vor meiner Tür, ein Eichhörnchen ist mir heute vor die Füße gelaufen.

„Wenn man ein schönes Nachbarschaftsverhältnis hat, jeden schon eine Ewigkeit kennt und so Nachbarschaftshilfe machen kann, das finde ich relativ wichtig. Man muss darauf achten, dass das schön ausgewogen ist.

im zwanzigsten Bezirk gewohnt, in einer Wohnung, und da habe ich eine gute Nachbarin gehabt und einen eher schlechteren Nachbarn. Die Nachbarin war eine sehr gute Freundin, die ich schon lange kannte. Den Nachbar aber, den haben wir gehasst: Wenn ich zu ihm rübergegangen bin, hat der die Tür aufgerissen, als würde ich keine Ahnung was machen, als wäre ich fünf Jahre alt oder so. Der war oft besoffen und wollte immer, dass ich mit seinem kleinen Kind spiele. Er hat auch immer versucht, uns zu verkuppeln, aber wir wollten nicht, ich habe den wirklich gehasst." Eine andere Schülerin meint, dass sie sich mit ihren Nachbar*innen prinzipiell gut verstehe, dass ihr aber die Kinder einer Nachbarin zu laut seien: „Die sind die einzigen im Hof, die schreien." Wieder eine andere meint, dass sie in Korneuburg, wo sie jetzt wohne, ihre Nachbar*innen möge: „Da gibt es einen, der ist schon sehr alt und der hat niemanden mehr, seine Frau ist an Krebs gestorben. Er redet jedes Mal mit mir, auch wenn ich es stressig habe und den Zug in die Schule erwischen muss – ich wohn ja in einem Kaff, da gibt es nichts. Einmal habe ich schon den Zug verpasst: Ich konnte zu diesem Nachbarn nicht einfach ‚Hallo und tschüs' sagen,

„Helfen, Kommunizieren und Grüßen, das sind wesentliche Grundlagen für eine gute Nachbarschaft.

ich bin geblieben und habe mit ihm geredet. Das ist gute Nachbarschaft für mich – er hat sonst niemanden und er braucht jemanden zum Reden."

„Helfen, Kommunizieren und Grüßen", das seien wesentliche Grundlagen für eine gute Nachbarschaft, meinen die Schüler*innen, wobei es zu den unterschiedlichen Menschen auch unterschiedliche Verhältnisse gebe: „Bei manchen Nachbarn sagt man, wenn man sie im Lift trifft, nur ‚Hallo' und schweigt dann, das ist unangenehm, bei anderen redet man einfach drauflos."

„MAN WILL AUCH SEIN EIGENES LEBEN" — WEGE ZUR EIGENEN WOHNUNG

Momentan leben alle noch bei ihren Eltern, wobei sich die Pläne, in eine eigene Wohnung zu ziehen, unterschiedlich gestalten. Eine Schülerin meint, jetzt, im Alter von sechzehn Jahren, würde sie noch nicht ausziehen wollen: „Ich möchte auf jeden Fall warten, bis ich achtzehn bin. Meine Eltern finden das auch besser so, da ich mich mehr auf meine Schule und meine Arbeit konzentrieren kann." Eine andere Schülerin hat sich bereits konkret mit dem Gedanken beschäftigt, eine eigene Wohnung zu suchen: „Wir sind nicht wirklich eine kleine Familie, wir waren zu sechst in einer Dreizimmerwohnung. Die Wohnung ist eh geräumig, aber trotzdem gab es nur drei Zimmer für sechs Köpfe. Mittlerweile sind wir nur noch zu fünft, mein Bruder ist ausgezogen. Trotzdem: Mit zwei Schwestern in einem Zimmer, na ja, das ist ein bisschen eng. Eine meiner Schwestern ist gerade beim Ausziehen." Warum sie selbst immer wieder daran gedacht habe auszuziehen, erklärt sie so: „Ich bin ein Ordnungsfreak und ich hasse es, wenn etwas unordentlich ist. Mit so vielen Leuten in einem Zimmer ist das nicht so leicht. Ich wollte etwas Eigenes für mich haben, mich schön einrichten und so weiter. Und dann habe ich mir aber gedacht: Okay, mein Bruder ist ausgezogen, meine Schwester ist gerade beim Ausziehen, wir sind dann nur noch zu zweit, die Kleine und ich, das wird irgendwie klappen. Deswegen bleibe ich eher zu Hause. Da muss

Ich konnte zu diesem Nachbarn nicht einfach „Hallo und tschüs" sagen, ich bin geblieben und habe mit ihm geredet. Das ist gute Nachbarschaft für mich — er hat sonst niemanden und er braucht jemanden zum Reden.

Eine SMART-Wohnung klingt für mich sehr attraktiv. Den Antrag kann ich erst nächstes Jahr stellen, aber ich bin schon aufgeregt, das wird dann sicher sehr spannend und bestimmt auch anders, als man es sich vorstellt.

ich nicht wirklich etwas zahlen, ich behalte das Geld in meiner Tasche, mache die Lehre fertig und dann ziehe ich aus." Ein Schüler hat ganz genaue Pläne, wie er es mit dem Auszug aus dem Elternhaus halten wird: „In zwei Jahren ziehe ich aus, das ist schon fix. Es war schon von klein auf klar, dass ich mit achtzehn ausziehe. Es ist zwar lustig so daheim, aber man will auch sein eigenes Leben. In diesem Alter kommt der Gedanke, dass man Verantwortung für sich übernehmen will – eben dieses Pflichtgefühl sich selbst gegenüber. Es ist zwar sehr egoistisch, aber man möchte weniger teilen, man möchte mehr für sich. Und seine eigenen vier Wände zu haben ist bei vielen der erste Schritt. In zwei Jahren ist es so weit, dass ich ausziehe, ich fange schon in der Lehre an zu sparen. Eine SMART-Wohnung klingt für mich sehr attraktiv. Den Antrag kann ich erst nächstes Jahr stellen, aber ich bin schon aufgeregt, das wird dann sicher sehr spannend und bestimmt auch anders, als man es sich vorstellt."

Wie es für junge Wiener*innen mit geförderten Wohnungen, zu denen auch die SMART-Wohnungen zählen, aussieht, welche Anträge sie wo stellen können, welche Rahmenbedingungen und Fristen sie zu beachten haben, erklärt Stella Vötsch von wohnpartner.

Die Fragen, die sich an die wohnpartner-Mitarbeiterin richten, reichen von sehr konkreten Vorstellungen von Standort, Miete und Ausstattung von SMART-Wohnungen über Genossenschaftsanteile bis hin zu einer Diskussion über die Vor- und Nachteile von Eigentumswohnungen. Lehrerin Natascha Liszt erzählt von einer beeindruckenden Erfolgsgeschichte, über die sie gerade ein Buch geschrieben hat: Eine Frau, die jahrelang als Flugbegleiterin tätig gewesen sei, habe im Laufe ihres Erwerbslebens mehrere Eigentumswohnungen gekauft, instand gesetzt und vermietet. Allerdings habe sich diese Geschichte vor Jahrzehnten zugetragen, heute sei das angesichts der immens hohen Preise für Immobilien nicht mehr möglich. Stella Vötsch weist außerdem auf die Nachteile einer Eigentumswohnung hin: Man habe zahlreiche und mitunter sehr kostspielige Verpflichtungen als Eigentümer*in. Auch bestimmte Sozialleistungen könnten nicht mehr bezogen werden, da zuerst die Wohnung verkauft und die Einnahmen daraus aufgebraucht werden müssten. Im Gegensatz zu den Hausverwaltungen am sogenannten freien Wohnungsmarkt agiere Wiener Wohnen als gemeinnützige GmbH: Die Hausverwaltung Wiener Wohnen darf keine Gewinne aus ihren Vermietungen ziehen. Der geförderte Wohnbau in Wien und allen voran die Gemeindebauten stünden in der Tradition des Roten Wien, bis heute gehe es darum, günstigen und qualitativ hochwertigen Wohnraum in der Stadt zur Verfügung zu stellen.

„MAN HAT PLATZ FÜR SICH, MAN HAT RUHE."

Über die zahlreichen und vielfältigen Angebote für geförderte Wohnungen informieren die Broschüren und die Website der Wohnberatung Wien. In einem ausführlichen Informationsgespräch, wie es an diesem Nachmittag zwischen den Mitarbeiterinnen von wohnpartner und den Schüler*innen stattfindet, können die verschiedensten Fragen rund ums Wohnen geklärt werden. Dabei geht es auch darum, was Wohnen im Allgemeinen bedeutet und welchen Stellenwert es hat beziehungsweise haben sollte. Die ersten spontanen Wortmeldungen zu dieser Frage

beziehen sich auf die existenzielle Grundlage, die Wohnen darstellt. Wohnen bedeute, „ein Dach über dem Kopf zu haben", über eigene, private Räume verfügen zu können: „Man hat Platz für sich, man hat Ruhe. Man ist einfach in Frieden so und hat Sicherheit in der Wohnung." Eine Schülerin erzählt, dass sie sich in den Wohnungen ihrer Schwestern nicht ganz so wohlfühle wie bei sich zu Hause: „Zwar habe ich so eine Basis mit meinen Schwestern, dass es auch meine Wohnung wäre, aber es ist etwas anderes." Eine andere Schülerin meint, dass sie untertags oft draußen sei und arbeite: „Wenn ich nach Hause komme, fühle ich mich halt wieder so wie ich. Das ist meine eigene private Zeit für mich, da fühle ich mich einfach wohler."

Das Klima in der Stadt zu verändern liegt auch einer anderen Schülerin sehr am Herzen: „Wir könnten alle gemeinsam mehr für das Klima machen, weil Umwelt und so, das ist schon sehr wichtig. Da geht es um unsere Zukunft und da müssen wirklich alle etwas machen, sonst ist das Ende näher als gedacht." Eine ihrer Kolleg*innen pflichtet ihr bei: „Wie wir ja alle bemerkt haben, wird es von Jahr zu Jahr heißer. Überall ist Beton, der erhitzt sich über den ganzen Tag und ich

„

Ein Dach über dem Kopf zu haben, über eigene, private Räume verfügen zu können: „Man hat Platz für sich, man hat Ruhe. Man ist einfach in Frieden so und hat Sicherheit in der Wohnung."

kann in der Nacht nicht schlafen. Ich würde mir mehr Grün und mehr Wasseroasen wünschen, Orte, an denen man sich abkühlen kann." „Weniger Autos und weniger Parkplätze" wünscht sich ein Schüler von der Stadt Wien: „Die stark frequentierten Straßen in der Zukunft autofrei zu halten oder autofreie Tage einzuführen, das wäre was. Es könnte dann auch Märkte auf diesen Straßen geben, um ein Zeichen zu setzen, dass es auch ohne Autos geht." Daran knüpft ein Kollege an, er träumt von mehr sicheren Radwegen: „Wenn man Menschen eine sichere Variante geben möchte, auch anders als mit dem Auto unterwegs zu sein, ist das etwas, mit dem man beginnen kann." „Öffis sollten auch billiger werden", wirft eine andere Kollegin ein: „Wir fahren alle mit den Öffis zur Arbeit und in die Schule. Dass man dafür auch zahlen muss, ist so – na ja …"

Neben dem Ausbau von Infrastrukturen, die Alternativen zum motorisierten Individualverkehr bieten, wünschen sich einige mehr Feste und Veranstaltungen: „Früher gab es zum Beispiel im Kongresspark jedes Jahr so Aktivitäten, Musik und Stände, das war urcool, wie ein Kirtag." Eine andere Schülerin bedauert, dass die „kleinen Veranstaltungen im Rathaus" weggefallen seien: „Diese Veranstaltungen zur Adventszeit, wo man Vasen oder Ähnliches basteln konnte, das war schon ein Stück meiner Kindheit." Lehrerin Natascha Liszt erzählt von ihren Erfahrungen in Spanien. Dort habe es viele Angebote für die arbeitende Bevölkerung gegeben: „In Spanien sind Volkshochschulen für alle gratis. Du zahlst nur fünf Euro Einschreibgebühr und kannst alle Kurse gratis besuchen. Außerdem bekommen Familien ab drei Kindern Gratis-Karten fürs Schwimmbad."

Inwieweit sich die konkreten Wünsche an die Stadt Wien mit den Wohnträumen – in denen viele abgelegenen Orte, die nur mit dem Auto zu erreichen sind, eine Rolle spielen – vereinbaren lassen, steht auf einem anderen Blatt: Einig sind sich die Berufsschüler*innen jedenfalls darin, dass es in unseren eigenen Händen liegt, wie unsere Zukunft aussehen wird – das gilt für das Wohn- und Stadtklima im Allgemeinen ebenso wie für die ersten Schritte ins eigene Leben hinein.

„

Die stark frequentierten Straßen in der Zukunft autofrei zu halten oder autofreie Tage einzuführen, das wäre was. Es könnte dann auch Märkte auf diesen Straßen geben, um ein Zeichen zu setzen, dass es auch ohne Autos geht.

Wie wir ja alle bemerkt haben, wird es von Jahr zu Jahr heißer. Überall ist Beton, der erhitzt sich über den ganzen Tag und ich kann in der Nacht nicht schlafen. Ich würde mir mehr Grün und mehr Wasseroasen wünschen, Orte, an denen man sich abkühlen kann.

Einig sind sich die Berufsschüler*innen darin, dass es in unseren eigenen Händen liegt, wie unsere Zukunft aussehen wird — das gilt für das Wohn- und Stadtklima im Allgemeinen wie für die ersten Schritte ins eigene Leben hinein.

Wenn Bücher Brücken bauen

DIE BÜCHERKABINE AM LEBERBERG

„Ich glaube schon, dass die Literatur die Gemeinschaft verbessern kann, denn wenn man etwas mag, reden wir auch darüber", sagt Great, ein Schüler der Integrationsklasse 4a und blickt zu seiner Klassenvorständin Frau Graf. Sie nimmt den Gedanken auf und ergänzt: „Ja, das ist oft so. In der Jugendliteratur werden zum Beispiel sehr viele Probleme, die einem begegnen können, aufgegriffen und thematisiert. Wir sprechen dann über andere Menschen, die dieses Problem haben, und entwickeln Strategien für diese anderen Menschen. Dabei lernen wir für unser eigenes Leben."

> **Die BücherKABINE ist eine ausrangierte und umgebaute Telefonzelle, die als Zuhause von abgegebenen Büchern dient, die dort auf neue Leser*innen warten.**

Wir befinden uns in einer Mittelschule im Süden von Wien. Genauer gesagt, liegt sie in der Svetelskystraße 4–6 in Kaiserebersdorf in Simmering. In diesem futuristisch wirkenden länglichen Gebäude mit großen Fensterflächen ist über eine lang gezogene Rampe der Eingang zu zwei Schulen zu finden. Eine Volksschule und eine Neue Mittelschule, beide sind nach dem ehemaligen sozialdemokratischen Bundeskanzler Bruno Kreisky benannt. Diese Bildungseinrichtung kann auch als Kopf des in den 1990er-Jahren entstandenen Stadtteils am „Rosa-Jochmann-Ring" bezeichnet werden. Die Namensgeberin des Rings war eine engagierte sozialdemokratische Funktionärin und Gewerkschafterin. Als Überlebende des Nationalsozialismus – sie war im KZ Ravensbrück interniert – war es ihr wichtig, über diese Zeit aufzuklären.

Bis ins hohe Alter ging sie als Zeitzeugin in Schulen.

Auf ihrer Internetseite stellt die Schule ihre pädagogischen Positionen dar: Einer der Schwerpunkte liegt auf Persönlichkeitsbildung. Die Klassen sind in den Fächern Deutsch, Mathematik und Englisch durchgehend mit zwei Lehrkräften (Teamteaching) besetzt, um eine vielfältige Lernkultur zu forcieren. „Es wird fächerübergreifend, projektorientiert und schülerzentriert unterrichtet", und es gibt auf die Kinder abgestimmte individuelle Lernangebote. Ein Hauptaugenmerk wird auf den Spracherwerb und auf die Leseförderung gelegt, da es in der Schule einen hohen Anteil von Kindern mit nichtdeutscher Erstsprache gibt. Seit dem Schuljahr 2013/14 wird in unterschiedlichen Modulen, die von den Bereichen Soziales über Sprachen bis Umwelt und Technik reichen, an Projektthemen gearbeitet, die sich über ein ganzes Semester erstrecken.

Auch die Ausbildung zu Peer-Mediator*innen wird den Kindern ermöglicht, um bei Bedarf und Wunsch bei Streitigkeiten als Konfliktvermittler*innen beistehen zu können. Um die Kinder gut auf ihren weiteren Lebensweg vorzubereiten, tritt die Bruno-

Kreisky-Schule mit anderen Einrichtungen in Kooperation. Neben der Städtischen Bücherei, die sich in Sichtweite zur Schule befindet, und der VHS Leberberg zählt auch die Einrichtung wohnpartner dazu.

DIE BÜCHERKABINE AM LEBERBERG

Bereits in der Anfangsphase der Einrichtung wohnpartner, sie wurde 2010 gegründet, wurde die Idee der offenen Bücherschränke aufgegriffen. Ein Jahr später entstand am Leberberg die erste BücherKABINE. Sie steht am Rand des Vorplatzes der Pfarrkirche St. Benedikt, vor dem Zaun der zweispurigen Straßenbahngleise, auf denen die 71er und die 11er dahinsausen. Schräg gegenüber befindet sich die Bruno-Kreisky-Schule. Die BücherKABINE ist eine ausrangierte und umgebaute Telefonzelle, die seitdem als Zuhause von abgegebenen Büchern dient, die dort auf neue Leser*innen warten. Seit dem Schuljahr 2011/12 betreut eine Lesegruppe der Schule diese Kabine. „Es spielt sich so ab, dass die Freunde von wohnpartner, ich nenne sie mittlerweile so", sagt Frau Graf

und schmunzelt, „die vierte Klasse mit einem Fest, das bei der BücherKABINE stattfindet, verabschieden und sich im nächsten Herbst wieder bei der ersten Klasse vorstellen. So lernen die Kinder die BücherKABINE und die Mitarbeiter*innen von wohnpartner kennen. Für wohnpartner sind wir dann die ‚Leseklasse', die sich um die BücherKABINE kümmert." Da entlockt es der Lehrerin ein weiteres Lächeln: „Aber eigentlich müsste jede Klasse in einer Schule eine Leseklasse sein." Worin besteht nun aber die Aufgabe der Schüler*innen?

„Wir nehmen Bücher, die wir nicht mehr verwenden, und stellen sie in die BücherKABINE. Und wir schauen, dass sie in Ordnung ist. Ist sie schmutzig, putzen wir sie", erklärt Great. Die fünfzehnjährige Lana ergänzt: „Wir haben die Bücher nach Themen wie Religion, Kultur, Romane oder Lernbücher sortiert." Die Lehrerin nickt und erzählt: „Ich bekomme auch von der Städtischen Bücherei Bücher, die aussortiert wurden. Die haben nicht den Platz, um sie zu lagern. Ich habe in unserer Bibliothek dafür einen Platz reserviert; wenn wir sehen, dass in der BücherKABINE Bücher fehlen, dann bringen wir sie rüber." Bleard meldet sich und erzählt,

Lesen ist zwar eine intime Angelegenheit, bei der sich Menschen in fernen Welten und Zeiten bewegen können, wenn sie sich ganz in einer Geschichte verlieren, aber das Lesen hat durchaus auch eine soziale Komponente.

dass er einmal bei ein paar Nachbar*innen in seiner Wohnhausanlage angeklopft und sie nach Büchern gefragt habe, die sie übrig hätten und nicht mehr lesen wollten. Einige Nachbar*innen waren sehr froh darüber und gaben ihm welche. „Fünfzehn Bücher habe ich dann in die BücherKABINE gestellt."

Das Prinzip einer BücherKABINE ist einfach erklärt. Jede Person, die daran vorbeispaziert, kann sich eines oder mehrere der Bücher nehmen, als Geschenk oder für den persönlichen Gebrauch. Bücher, die nicht mehr benötigt werden, werden wieder hineingestellt. An der Wand der Kabine ist eine große Grafik angebracht, die das Prinzip erklärt. Bücher bringen – Bücher nehmen – Bücher lesen! So einfach ist das.

In Wien gehören die BücherKABI-NEN, Bücherschränke oder andere kreative Tauschorte für Bücher und Comics mittlerweile zum Stadtbild. Auch wohnpartner hat zwei weitere BücherKABINEN nach dem Simmeringer Vorbild aufgestellt. Eine steht in der Fingergasse in der Per-Albin-Hansson-Siedlung in Favoriten, die andere am Matteottiplatz im Sandleitenhof in Ottakring. Hinzu kommen diverse Bücherecken in den verschiedenen wohnpartner-Lokalen. Das Ziel

ist, einen „kostenfreien und niederschwelligen Zugang zu Bildung und Unterhaltung zu schaffen", so ist es in einem Informationstext zu lesen.

Es geht aber auch um Fragen des öffentlichen Raums: Wie soll er genutzt und wie kann er auf eine kreative Art und Weise gestaltet werden? Lesen ist zwar eine intime Angelegenheit, bei der sich Menschen in fernen Welten und Zeiten bewegen können, wenn sie sich ganz in einer Geschichte verlieren, aber das Lesen hat durchaus auch eine soziale Komponente. Rut erzählt von ihren Leseerfahrungen, als sie noch nicht in Simmering wohnte: „Ich war zwölf und war noch in Italien. Da besuchte ich einmal meine beiden Cousinen. Sie haben eine Bibliothek zu Hause, wir hatten dort ein Zimmer und haben die ganze Zeit gelesen. Abends haben wir dann darüber geredet und auch Bücher weiterempfohlen, so: ‚Ich glaub, das könnte dir gefallen ...' Und wir haben die Bücher auch getauscht." Great und Bleard wissen ebenfalls von ihren Lese- und Tauscherfahrungen zu berichten: „Ich lese gerne Manga-Comics und rede dann mit Great darüber. Ich empfehle ihm auch manchmal etwas, wenn ich ein gutes Comic gelesen habe. Aber ich lese

„

Die Schüler*innen lesen ein Buch, steigen in die Onlineplattform ein und beantworten, wie in einem Quiz, Fragen zum Lesestoff, dabei erhalten sie Punkte.

nicht so viel wie er." „Stimmt, ich lese bedeutend mehr als er", meldet sich Great zu Wort, „ich lese gerne, vor allem Manga-Comics. Ich rede mit Bleard oder anderen Freunden darüber und empfehle auch gerne Comics weiter."

Dass nicht nur das Lesen selbst und der Austausch über das Gelesene wichtig sind, sondern auch das Vorlesen, darüber kann wiederum Rut berichten. Sie erzählt, wie sie ihre Schwester zum Lesen gebracht hat: „Ich bin einmal mit meiner kleinen Schwester zur BücherKABINE gegangen. Sie mag Bücher und sie wollte, dass ich ihr etwas vorlese, auch um lesen zu üben. Ich suchte für meine Schwester Bücher aus der Kabine aus und las sie ihr dann vor. Sie mag Literatur und Fantasy, aber eher alte Bücher."

Die Freude und die Lust am Lesen zu fördern ist auch der Schule ein wichtiges Anliegen. Neben der schuleigenen Bibliothek und der BücherKABINE wird auf neue Formen des E-Learnings, etwa die Leseplattform „Antolin", zurückgegriffen. Das Prinzip ist ganz einfach: Die Schüler*innen lesen ein Buch, steigen in die Onlineplattform ein und beantworten, wie in einem Quiz, Fragen zum Lesestoff, dabei erhalten sie Punkte. Beim jährlichen Abschlussfest, das kurz vor den

Frau Graf unterrichtet bereits seit vielen Jahren und hat
Dutzende Kinder und Jugendliche begleitet. Für sie steht außer
Frage, dass Literatur dabei helfen kann, das Zusammenleben
zu verbessern.

„

Wo unterschiedliche Bedürfnisse und Lebensumstände zusammentreffen, können auch Konflikte und Missverständnisse entstehen.

Sommerferien bei der BücherKABINE stattfindet, gibt es – ebenfalls bei einem Quiz – zahlreiche Bücherpreise zu gewinnen.

WAS IST EINE GUTE GEMEINSCHAFT — IN DER KLASSE UND IN DER NACHBARSCHAFT?

Der Süden der Stadt Wien galt in den 1990er-Jahren als städtebauliches Entwicklungsgebiet. Es gab zwar einige große Gemeindebauten wie jenen am Muhrhoferweg, der bereits Anfang der 1970er-Jahre entstand, Einfamilienhäuser, eine Kleingartensiedlung und andere Wohnblocks, aber das Gebiet war vorwiegend geprägt von Wiesen, Feldern und großen Gartenanlagen der Wiener Gemüsebauern. Zwischen 1994 und 1997 wurden mehrere städtische Wohnhausanlagen mit gut 900 Wohnungen errichtet, die sich

in einem Bogen, dem erwähnen „Rosa-Jochmann-Ring", um den Leberberg erstrecken. In der Mitte des Rings liegt die 27.000 Quadratmeter große Parkanlage „Stadtpark Leberberg", die gerade im Sommer durch ihre Wasserspielgeräte und Sprühinstallationen für Abkühlung sorgt. Bei der Planung des Wasserspielplatzes wurden Kinder des Jugendzentrums und der Volksschule befragt, die Gestaltung orientierte sich an ihren Wünschen und Bedürfnissen. Es finden sich dort auch Spielgeräte wie Schaukeln, Rutschen und verschiedene Ballspielplätze. Wer es ruhiger möchte, kann sich beim künstlich angelegten Teich, der von Regenwasser gespeist wird, erholen. An diesen Park grenzt das Schulareal. Gegenüber, auf der anderen Straßenseite, folgt mit dem „Hofgartel" ein etwas kleinerer Park, der ebenfalls für Jung und Alt etwas zu bieten hat: einen Spielplatz mit Wasserspielmöglichkeiten, einen Skatepark, Plätze für Basketball und Fußball sowie viele Sitzgelegenheiten. An das „Hofgartel" grenzt ein weiterer Gemeindebau aus den 1990er-Jahren. Am Leberberg leben nun weit über 20.000 Menschen, das Siedlungsgebiet hat mittlerweile mehr Einwohner*innen als Eisenstadt.

Der relativ neuen Entwicklungsgeschichte ist es geschuldet, dass hier vor allem junge Familien mit ihren Kindern leben und wenige ältere Menschen. Dies ist auch auf der Homepage der Schule zu lesen, die sich selbst an der Bevölkerungsstruktur der Wohnumgebung und den damit verbundenen Bedürfnissen und Herausforderungen orientiert. Das bedeutet, dass nicht nur auf das Zusammenleben in der Nachbarschaft, sondern auch in einer Schulklasse Augenmerk gelegt werden muss, denn wo unterschiedliche Bedürfnisse und Lebensumstände zusammentreffen, können auch Konflikte und Missverständnisse entstehen.

Für Bleard bedeutet eine gute Gemeinschaft in der Klasse, „dass man die anderen Mitschüler und Mitschülerinnen supportet und sich gegenseitig hilft, egal wobei, das ist für mich das Wichtigste". Great stimmt seinem Mitschüler zu: Eine gute Gemeinschaft zeigt sich für ihn darin, „wenn man sich gegenseitig unterstützt und auf gleicher Ebene kommuniziert". Ein weiterer Schüler, Steve aus der zweiten Reihe, meldet sich zu Wort: „Eine gute Klassengemeinschaft gibt es dann, wenn man gut miteinander kommuniziert und sich gut versteht." Seine Kolleg*in-

nen nicken, als würden sie dem alle zustimmen. „Wenn man zusammen Probleme löst und sich gegenseitig hilft", ergänzt Rut und blickt zu ihrer Lehrerin.

Ist es so, wird diese Form der Klassengemeinschaft in der 4a wirklich gelebt, oder handelt es sich bloß um schöne Worte, die wie ein Kalenderspruch mehr einem Wandschmuck gleichen?

Frau Graf blickt durch die Reihen ihrer Klasse und nickt. „Wahrscheinlich erfüllen das die Kinder nicht 24 Stunden am Tag und 365 Tage im Jahr, aber ich glaube, dass wir hier sehr gut zusammenhalten. Das hat aber auch Corona gefördert. Die Kinder hatten unterschiedliche Whatsapp-Gruppen und haben sich gegenseitig unterstützt. Manchmal wurden vielleicht auch die Hausübungen weitergegeben … Aber mir ging es dabei um das Miteinander, darum, dass der eine für den anderen da ist. Ich sagte da nicht: ‚Oh du böses Kind hast deine Hausübung abgeschrieben.' Es klappt gut in dieser Klasse, vor allem, dass man sich gegenseitig lässt, wie man ist. Nach dem Kennenlernen und Sich-Beschnuppern weiß man: Bei dem ist es so und bei der ist das so. Wir akzeptieren einander, wie wir sind, und wenn wir Schwie-

rigkeiten damit haben, wie sich jemand benimmt – das passiert in so großen Gruppen immer –, dann versuchen wir gemeinsam einen Weg zu finden."

Die Lockdowns während der Coronapandemie sind allen noch in guter Erinnerung. Die Schüler*innen sind froh darüber, wieder in der Klasse sein zu können. Rut erzählt, dass sie während des Lockdowns drei Monate kaum rausgekommen sei, auch nicht in den Garten. „Ich habe viel Zeit gehabt und gelesen. Ich war in meinem Zimmer zum Lesen, meine Mutter hat mich gerufen und ich hab sie nicht gehört, denn ich war so ins Buch, in die Geschichte vertieft. Meine Mutter ist dann in mein Zimmer gekommen und hat gesagt: ‚Was ist los mit dir, Rut? Ich habe dich fünf Mal gerufen!'"

„Was mich so faszinierte: Als nach dem Lockdown die Schüler und Schülerinnen wieder in der Klasse waren", die Lehrerin blickt in die Runde und schmunzelt, „haben sie gemeinsam UNO gespielt. In jeder Pause wurden die Karten ausgepackt. Ich war total überrascht, ich dachte, sie würden herumtollen oder Fußball spielen." Die Jugendlichen bestätigen es einhellig. Mittlerweile wurde UNO von anderen Pausenaktivitäten abge-

löst – so, wie sich die Bedürfnisse mit der Zeit verändern.

BÜCHER FÜR EIN BESSERES ZUSAMMENLEBEN

Stark verändert hat sich auch, wie schon beschrieben, der Bezirksteil Kaiserebersdorf. War er einst ein kaiserliches Jagdgebiet, von dem das noch bestehende Jagdschloss zeugt, und stark dörflich geprägt, handelt es sich heute um einen lebendigen Stadtteil mit vielen Geschäften, Gasthäusern und breit gefächerter Infrastruktur. Die Zusammensetzung der Bewohner*innen ist, wie auch in der Klasse zu sehen ist, sehr divers. Verschiedene Herkunftsländer und Sprachen lassen unterschiedliche Lebenswege und Erfahrungen anklingen. Ähnliches zeigt sich auch in der BücherKABINE. In ihr sind Bücher in verschiedenen Sprachen zu finden. Great berichtet von einem Buch auf Polnisch, das er entdeckt habe, aber es ließen sich auch schon italienisch-, englisch- oder französischsprachige Bücher finden.

Frau Graf erzählt in diesem Zusammenhang von ihren Erfahrungen in einer

Integrationsklasse. Sie ist eine Lehrerin, der das Lesen sehr am Herzen liegt: „In einer früheren Klasse haben wir literarische Projekte mit Texten aus den Heimatländern von den Kindern durchgeführt. Da trifft man die Kinder in der Seele. Sie erzählen von zu Hause. Es waren Kinder aus Tschetschenien. Wir haben gelesen und geredet und die Kinder kommen ins Erzählen, schließlich auch ins Schreiben. Anfangs wollten sie von mir, dass ich den Text nur lese und nicht korrigiere. Aber später, als sie so viel Mühe in ihren Text gelegt hatten, sind sie zu mir gekommen und haben mich gebeten: ‚Bitte, Frau Lehrerin, lesen Sie sich das durch, zeigen Sie mir die Fehler.' Es ist ihnen plötzlich wichtig geworden, dass der Text auch korrekt geschrieben ist und ich ihnen die Fehler zeige. Wir haben uns dadurch – über diese Texte, über die Literatur oder die kleinen Gedichte – viel besser kennengelernt."

Im anschließenden Gespräch darüber, welche Bücher die Schüler*innen gerne lesen, meldet sich Bleard mit einem interessanten Aspekt, den jede Marketing-Abteilung eines Verlags nur bestätigen kann: „Wenn ich mir ein Buch hole, dann schaue ich auch auf das Design. Weil das sagt viel aus. Einmal haben wir ein Leseportfolio gemacht und da gab es auch eine Frage zur Aufmachung und zum Cover des Buchs, da ist mir so viel dazu eingefallen, dass ich gleich eine ganze Seite darüber geschrieben habe." Ein Leseportfolio ist eine Mappe mit verschiedenen Aufgabenstellungen zu einzelnen Leseübungen oder Büchern, in die die Schüler*innen ihre Leseentwicklung und Fortschritte eintragen und später nachlesen können. Frau Graf gibt einige Beispiele, wie Leseportfolios aussehen können und wie sie den Umgang damit in ihrer Klasse handhabt: „Es können durchaus eigene Texte entstehen, wie es Bleard bereits erzählt hat. Wir haben auch schon Briefe an die Autorin oder den Autor oder auch an die Protagonistin, den Protagonisten geschrieben. Es können empathische Briefe sein oder ein Wutbrief, wie es sich gerade ergibt. In diesen Portfolios können auch Comics entstehen, Köpfe mit Sprechblasen oder kleine Gedichtchen."

Die Frage ist, ob Literatur, ob die vielen Bücher, die in den Schränken der Wohnzimmer, in den Regalen der Büchereien oder den Stellagen der Bibliotheken stehen, die in einer der drei BücherKABINEN auf neue Leser*innen warten, die Welt, in der wir leben,

„Wir haben uns dadurch — über diese Texte, über die Literatur oder die kleinen Gedichte — viel besser kennengelernt."

ein bisschen besser machen können? Haben Geschichten die Kraft, das Zusammenleben in einer Klasse oder in einer Nachbarschaft schöner zu gestalten? Rut ist optimistisch: „Ich glaube, dass Literatur die Gemeinschaft stärken kann. Es gibt Bücher, die Eltern, Jugendliche oder auch die Nachbarn lesen, und wenn sie dann drüber reden, entsteht eine Gemeinschaft. Wenn Menschen etwas Gemeinsames haben, schafft das eine Verbindung."

Frau Graf stimmt zu. Sie unterrichtet bereits seit vielen Jahren und hat Dutzende Kinder und Jugendliche begleitet. Für sie steht außer Frage, dass Literatur dabei helfen kann, das Zusammenleben zu verbessern. Bücher sind für sie wie eine Brücke, die in eine andere Welt reicht – manchmal in eine bessere, manchmal in eine schlechtere Welt. „Aber man kann dadurch die Gegenwart besser verstehen. Wir haben immer wieder Buchprojekte gemacht und sind mit den Schülern ins Schreiben gekommen. Am Ende jedes Projekts war unsere Welt einfach ein Stück besser, wir waren dem Weltfrieden einen Schritt näher. Literatur öffnet das Herz."

„Das Leben ist zu kurz, um zu streiten"

CHRISTIAN DICK ERZÄHLT, WIE SPIELBÄLLE DIE WELT VERÄNDERN KÖNNEN

Wenn viele unterschiedliche Menschen in einer großen Wohnhausanlage zusammenleben, gibt es viel Potenzial – für unerwartete, inspirierende Begegnungen ebenso wie für Konflikte. Diese betreffen zumeist die kleinen, aber wichtigen Dinge des Alltags: Es geht um Müll, der in den Stiegenhäusern oder in den Höfen abgestellt wird; um Lärm; um Hunde, die nicht an der Leine geführt werden und deren „Trümmerl", wie man in Wien sagt, von ihren Herrchen und Frauchen nicht entsorgt werden; um Zigarettenrauch, der die einen stört, während die anderen auf ihr Recht, in Ruhe ihre „Tschick" zu genießen, pochen; ums Radfahren im Hof – des einen Freud, der anderen ein besonderes Leid, wenn knapp vor ihren Füßen ein Fahrrad vorbeizischt. Es geht um Schäden, die verursacht werden: ein Fußball etwa, der beim ausgelassenen Spiel eine Fensterscheibe, eine Laterne oder gar den Kopf eines anderen Kindes trifft; es geht um Verantwortung und – wie Christian Dick, der seit 35 Jahren im Karl-Seitz-Hof in Wien-Floridsdorf wohnt und seit neun Jahren dort im Mieterbeirat tätig ist, betont – vor allem darum, aufeinander Rücksicht zu nehmen.

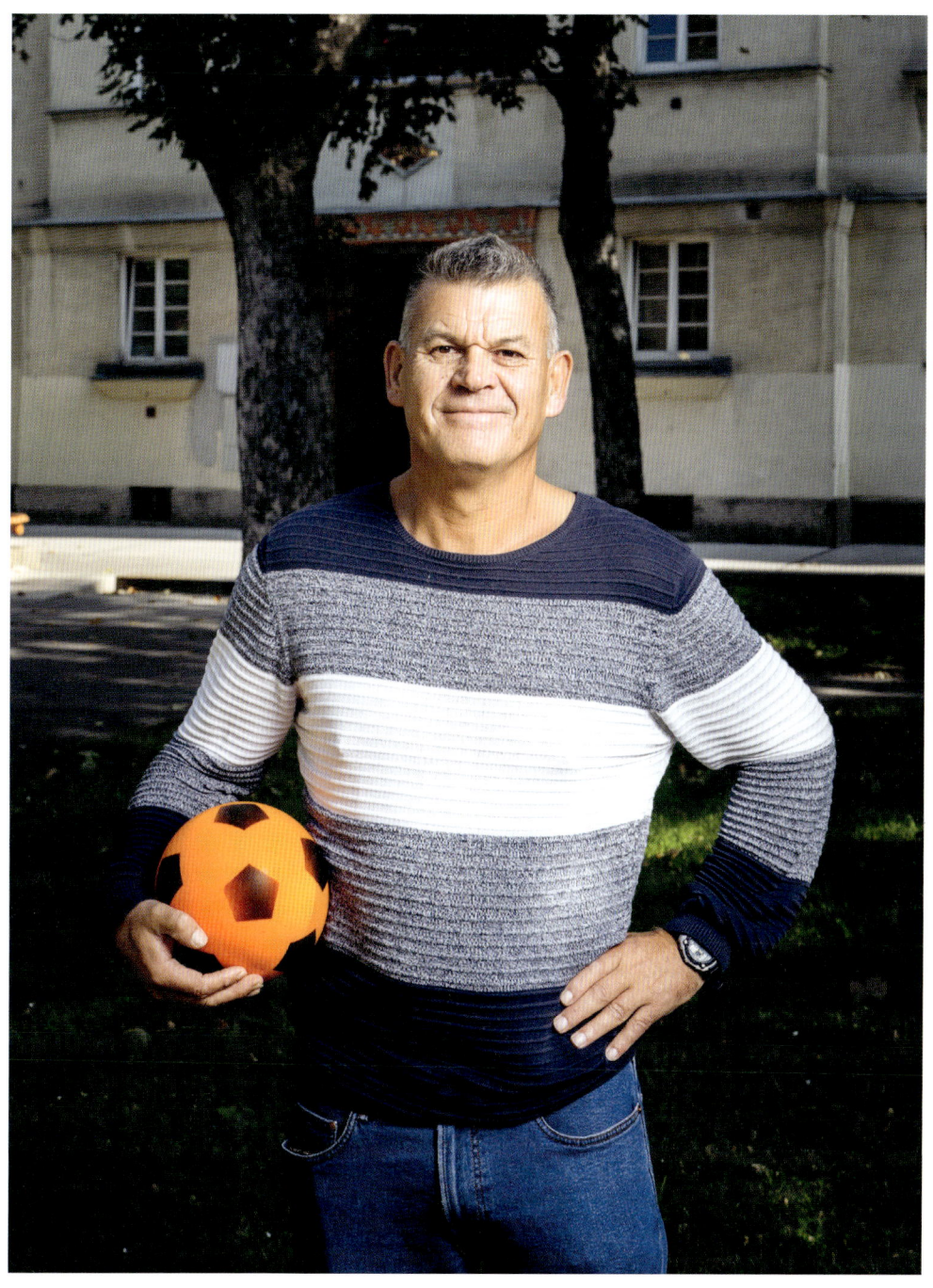

Christian Dick hat sein Mobiltelefon Tag und
Nacht eingeschaltet. Selbst zu späten Nachtstunden erreichen ihn besorgte Mieter*innen.

,,

Es geht um Verantwortung und darum, aufeinander Rücksicht zu nehmen.

Der Karl-Seitz-Hof ist einer der größten Gemeindebauten im 21. Bezirk. Er wurde zwischen 1926 und 1931 errichtet. Ursprünglich trug er den Namen „Gartenstadt Jedlesee". Die Architektur der Anlage ist von den damals sehr modernen und beliebten „Gartenstädten" mit ihren großzügig angelegten Höfen und Grünflächen inspiriert. Während des Bürgerkrieges im Jahr 1934 war auch dieses „Gartenstadt" heftig umkämpft: Mitglieder des Republikanischen Schutzbundes verteidigten den Hof gegen austrofaschistische Regierungstruppen, bis diese ihn schließlich einnahmen. Während des Zweiten Weltkrieges wurde die Anlage durch Bombardierungen teilweise beschädigt. Seinen heutigen Namen erhielt der denkmalgeschützte Gemeindebau in den 1950er-Jahren: Karl Seitz war ein bedeutender Politiker der Zwischenkriegszeit. Er war einer der drei ersten Präsidenten der Provisorischen Nationalversammlung nach dem Ersten Weltkrieg, hatte den Vorsitz der sozialdemokratischen Partei inne und war von 1923 bis 1934 Bürgermeister von Wien. Nach seinem Tod 1950 wurde die „Gartenstadt Jedlesee" in „Karl-Seitz-Hof" umbenannt. Heute leben dort in etwa 2.000

Menschen jeglichen Alters und unterschiedlicher Herkunft.

Christian Dick ist im Alter von 19 Jahren aus dem Waldviertel nach Wien gekommen. Zuerst wohnte er in Ottakring, in der Thaliastraße, bis er schließlich in den Karl-Seitz-Hof zog. Das ist mittlerweile 35 Jahre her. Der Gemeindebau ist sein Zuhause: Er findet es bis heute wunderbar, dort zu wohnen. Die Natur, die gute verkehrstechnische Anbindung, die architektonische Schönheit des Hofs und, nicht zuletzt, die Menschen, die dort leben, auch wenn, wie er meint, natürlich immer ein paar „G'frastsackeln" dabei sind. Christian Dick hat in ganz unterschiedlichen Berufen gearbeitet: Gelernt hat er zunächst das Bäcker- und Konditorhandwerk, anschließend hat er noch eine Lehre als Maler und Anstreicher absolviert. Bevor ein tragischer Unfall sein Leben verändert hat, war er bei der MA 48, beim Magistrat für Abfallwirtschaft, Straßenreinigung und Fuhrpark der Stadt Wien, tätig. Nachdem ihn ein Geisterfahrer auf der Autobahn „abgeschossen" und schwer verletzt hatte, musste er in Frühpension gehen. Von einem ruhigen Pensionistenleben kann in seinem Fall allerdings keine Rede sein.

101

"

Ich mach's ja für die Mieter. Die Mieter zahlen die Miete, die Mieter haben mich gewählt.

„ICH SEHE BEI JEDEM MENSCHEN, DASS ER WAS LIEBES IM HERZEN HAT"

Christian Dick hat sein Mobiltelefon Tag und Nacht eingeschaltet. Selbst zu späten Nachtstunden erreichen ihn besorgte Mieter*innen. Auf die Frage, ob es nicht manchmal gut wäre, sich abzugrenzen und mehr Zeit für sich zu nehmen, erzählt er, wie er eines Nachts um halb zwei angerufen wurde: Ein Mieter habe einen Brandherd entdeckt und ihn sofort kontaktiert. So konnte eine Ausbreitung des Feuers rechtzeitig verhindert werden. Er nehme sich jeder Anfrage an und der persönliche Kontakt zu „seinen" Mieter*innen sei ihm sehr wichtig. „Ich mach's ja für die Mieter. Die Mieter zahlen die Miete, die Mieter haben mich gewählt." Manchmal würden ihn freilich auch „komische Anfragen" erreichen: Eine Mieterin rief ihn einmal an und verlang-

te, er solle sich darum kümmern, dass nach 22 Uhr niemand mehr das Haus verlasse. So könne Lärm im Stiegenhaus und in den Höfen verhindert werden. Das ginge nicht, ganz und gar nicht ginge das, habe er geantwortet, „wir sind ja schließlich kein Gefängnis".

Sein neun Jahren ist Christian Dick als Mietervertreter im Mieterbeirat des Karl-Seitz-Hofs tätig. Vor seiner ersten Wahl musste er genügend Unterschriften sammeln, um kandidieren zu können: Er klopfte an die Türen und stellte sich vor. Mit insgesamt 55 Unterstützungserklärungen trat er zur Wahl an und wurde von rund 130 Mieter*innen gewählt. Mittlerweile finden die Wahlen zum Mieterbeirat alle vier Jahre statt. Bevor das neue Mitbestimmungsstatut 2015 umgesetzt wurde, ist alle drei Jahre gewählt worden. Zu den wichtigsten Aufgaben zählt dabei, die Interessen der Mieter*innen der Eigentümerin – im Fall der Gemeindebauten handelt es sich dabei um die Stadt Wien – sowie der Hausverwaltung gegenüber zu vertreten. Zumindest einmal im Jahr ist eine Hausversammlung einzuberufen. Auf der Website von Wiener Wohnen, die über die Tätigkeiten und Funktionen des Mieterbeirates informiert, steht: „Als Mieterbeirat sind Sie eine wichtige Infor-

Ich komme mit allen gut aus. Manche sagen „Bürgermeister" zu mir, manche nennen mich „den Hausmeister".

Karl Seitz war ein bedeutender Politiker der Zwischenkriegszeit. Er war einer der drei ersten Präsidenten der Provisorischen Nationalversammlung nach dem Ersten Weltkrieg, hatte den Vorsitz der sozialdemokratischen Partei inne und war von 1923 bis 1934 Bürgermeister von Wien.

„

Wenn es dir gut geht, schau, dass du den anderen hilfst.

mations- und Kommunikationsschnittstelle zwischen MieterInnen, Hausverwaltung und anderen Einrichtungen. [...] Ein Mieterbeirat spielt eine wesentliche Rolle für das soziale Miteinander in der Wohnhausanlage. Durch Ihre Vorbildwirkung wird ein Klima der Toleranz und Offenheit geschaffen und das Zusammenleben wird verbessert." 2015 wurde das Mitbestimmungsstatut grundlegend überarbeitet. Neben der Funktionsperiode wurde, auch mit Rücksicht auf unterschiedliche Berufstätigkeiten, der Zeitraum für die Stimmabgabe bei den Wahlen erweitert. Es wurden zudem Möglichkeiten geschaffen, einen zentralen Mieterbeirat einzurichten sowie eine*n eigene*n Jugendvertreter*in in diesen zu wählen. Nun haben auch Bewohner*innen, die nicht Mieter*innen sind, „gewisse Mitbestimmungsmöglichkeiten", auf die allerdings auf der Website nicht näher eingegangen wird.

Im Laufe seiner Tätigkeit als Mietervertreter hat Christian Dick sich nach und nach unterschiedlicher Probleme angenommen. Die Besitzer*innen von Hunden habe er in vielen persönlichen Gesprächen dafür sensibilisiert, ihre Schützlinge in den Höfen nicht von der Leine zu lassen und den Hundekot wegzuräumen. Er hat sich darum gekümmert, dass die Bewohner*innen ihren Sperrmüll richtig entsorgen und dass keine Autos in die Anlage hineinfahren. Die Feuerwerkskörper, die zu Silvester in großen Mengen abgefeuert wurden und die immer wieder Schäden verursacht hatten, hat er ebenso abgeschafft, wie er das Problem mit dem Rauchen gelöst hat: Er habe, erzählt er, einerseits für genügend Aschenbecher in den Höfen gesorgt und andererseits getrennte Bänke für Raucher und Nichtraucher aufstellen lassen, damit sich diese nicht mehr in die Quere kommen.

Der persönliche Einsatz sei nicht nur in zeitlicher Hinsicht enorm: Immer wieder gebe er sein privates Geld aus – für die Feste, die er regelmäßig organisiert, sowie dafür, dass auch Kinder aus einkommensschwächeren Familien „mal ein Eis bekommen". Die Feste seien sehr wichtig für den Zusammenhalt. Manchmal gebe es Freudentränen bei Menschen, die nicht glauben können, dass auch sie etwas geschenkt bekommen. „Das war ein Berufsschullehrer in Baden, der hat mich geprägt. Der hat gesagt: ‚Wenn es dir gut geht, schau, dass du den anderen hilfst.'" Dass die Feste vorwiegend auf freiwilliger Spendenbasis finanziert werden, führe immer wieder dazu, dass er aus eigener Tasche draufzahlen müsse. Das sei so weit in Ordnung, nur ärgere es ihn, wenn er sehe, dass manche für ein üppiges Buffet gerade einmal 60 Cent in die Spendenbox werfen. Im Sommer am Kinderspielplatz Eis im großen Stil zu verschenken möchte er sich auch nicht nehmen lassen. „Es ist schön, wenn du was bewegen kannst", dennoch gebe es immer wieder die falsche Vorstellung, als Mietervertreter verdiene er etwas. „Das ist ein Ehrenamt, viele glauben aber, dass das eh alles bezahlt wird."

Als erste Ansprechperson für die Anliegen und Sorgen der Bewohner*innen des Karl-Seitz-Hofs steht Christian Dick quasi ununterbrochen in persönlichem Kontakt. „Ich komme mit allen gut aus. Manche sagen ‚Bürgermeister' zu mir, manche nennen mich ‚den Hausmeister'."

Wichtig ist ihm, dass Vereinbarungen eingehalten werden, dazu zählt auch die Hausordnung. „Ich muss konsequent sein", allen gegenüber, das gelte auch für die eigene Familie. „Auch mein Enkerl darf im Hof nicht mit dem Rad fahren." Mit den Kindern und Jugendlichen komme er ausgesprochen gut zurecht, nicht nur wegen des Gratis-Eises, das er im Sommer verteilt: Er sei für sie eine Art Vertrauensperson, der sie auch erzählten, wenn sie etwas angestellt hätten. „Ich bin so ein Mensch, mir kommen die Kinder auch so: ‚Du, Christian, ich muss was beichten, ich hab was z'ammg'haut.' Da sag ich: ‚Das passt schon.' Mir ist es lieber, sie sind ehrlich und sie haben keine Vorstrafen, die Kinder, weil ihr Leben wäre verbaut." Wenn er in den Höfen unterwegs sei, würden ihn die Kinder gerne umarmen.

Viel Unterstützung bei all seinen Initiativen erhalte er, das betont Christian Dick immer wieder, von wohnpartner, von den Mitarbeiter*innen des Gebiets 21. So auch bei jener Initiative, die in den letzten Jahren Schule gemacht hat und die dazu geführt hat, dass ein erhebliches Konfliktpotenzial im Interesse aller Beteiligten entschärft werden konnte.

Ein Mieterbeirat spielt eine wesentliche Rolle für
das soziale Miteinander in der Wohnhausanlage.

EINE „ANSTECKENDE" IDEE

„Es war die Hölle", sagt Christian Dick, als er sich daran erinnert, wie er eines schönen Tages im Hof gesessen und fünfzehn Erwachsene und Jugendliche beim Fußballspielen beobachtet hat. Den Lärm, den ein Lederball verursacht, wenn er mit großer Wucht aufprallt oder gar gegen Blech geschossen wird, das könne man sich kaum vorstellen. In kurzen und unregelmäßigen Abständen knalle es dermaßen, dass allen das Hören und Sehen vergehe. „Was ist das für ein Leben?", habe er sich gefragt. „Wenn ich meine Wohnung im Erdgeschoß habe, auf der Hofseite, dieser ganze Wirbel ..." Ein Mittags- oder Nachmittagsschlaf sei da völlig unmöglich. Außerdem ginge von den schweren Bällen eine erhebliche Gefahr aus: Die eine oder andere der denkmalgeschützten Laternen, die pro Stück mehrere tausend Euro kosten, habe schon daran glauben müssen, und was passiere, wenn ein Kleinkind davon am Kopf getroffen würde, das möge man sich lieber nicht vorstellen. „Da muss sich was ändern", hat Christian Dick sich gedacht, nur was? Das Ballspielen zu verbieten kam nicht infrage. Das betraf ja nicht nur Erwachsene, die ger-

ne Fußball spielten, sondern auch die Kinder und Jugendlichen, die ohnehin schon zu wenig ausgelastet waren. Das habe sich auch darin gezeigt, dass viele mit den Bällen einfach ziellos durch die Gegend schossen, erinnert sich der Mietervertreter.

Bei einer Shoppingtour kam ihm schließlich die zündende Idee. In einer Filiale einer großen Drogeriekette sind ihm bunte Soft-Fußbälle ins Auge gesprungen. Er hat sie in die Hand genommen, hat mit ihnen auf dem Boden gedribbelt, sie mit den Füßen hin und her geschupft. „Leiser geht's nicht", meinte er und beschloss, diese Bälle in seinem Hof einzuführen.

Das gelang ihm mit großem Erfolg. Wie auch bei all seinen anderen Initiativen war es der persönliche Kontakt, durch den er die Idee unter die Leute gebracht hat. Er hat mit den Menschen geredet und ihnen erklärt, welche Vorteile diese Softbälle für alle hätten: für diejenigen, die in den Höfen Fußball spielen wollen, genauso wie für diejenigen, die sich davon gestört fühlen. Die weicheren Bälle verursachen viel weniger Lärm, die Gefahr, eine Fensterscheibe einzuschießen, eine der denkmalgeschützten Laternen abzuschießen oder gar jemanden zu verletzten, ist deutlich geringer. Das alles trägt zu einem entspannteren, freundlicheren Umgang bei: Es ist nicht mehr notwendig, sich über die Ball spielenden Kinder, Jugendlichen oder Erwachsenen aufzuregen, und diese wiederum sehen sich nicht mehr dazu veranlasst, trotzig und mit Provokationen auf die Beschwerden zu reagieren. „Die Bälle san a Traum", sagt Christian Dick und erinnert sich noch einmal an die „Hölle" zuvor.

Die „Sache mit den Softbällen" hat Schule gemacht: Heute noch würden sich Mieter*innen bei ihm bedanken, die damals, als er vor sieben Jahren die weichen, bunten Bälle so populär gemacht hat, Kinder oder Jugendliche waren. Die Idee wurde auch weitergereicht, von Siedlung zu Siedlung, von Gemeindebau zu Gemeindebau. „Das ist ansteckend", sagt die wohnpartner-Mitarbeiterin Silke Kirchmeir. Finanziert werden die Bälle teilweise von wohnpartner, teilweise aus privaten Mitteln. Christian Dick kauft selbst immer wieder Bälle und gibt auch den Familien Bescheid, wo sie diese kaufen können. Der Vorschlag, die Softbälle über eine Sponsoring-Kooperation zu finanzieren, konnte bislang noch nicht umgesetzt werden. Es wäre aber sinnvoll, darin sind

sich der Mietervertreter und die wohnpartner-Mitarbeiterin einig: Eine Firma oder ein Verein könne ganz einfach das Logo auf die Bälle drucken lassen und diese dann in den Gemeindebauten verteilen. Damit wäre ein weiteres Mal allen geholfen.

In großen Wohnhausanlagen haben die bunten Softbälle eine große Zukunft. Seiner Zukunft als Mietervertreter sieht Christian Dick teilweise mit gemischten Gefühlen entgegen. Manchmal denke er daran aufzuhören, aber es gebe so viel zu tun und so viel umzusetzen, dass er gar nicht aufhören könne. Und im Grunde auch nicht wolle, denn unter keinen Umständen wolle er in der Pension „zu Hause versauern". „Wenn ich nicht mehr im Mieterbeirat bin, geht der Karl-Seitz-Hof unter", meint er und erzählt von den vielen Konflikten, die er schon gelöst hat. Dazu zählen auch Streitereien, mitunter gar Raufereien, die es zu schlichten galt. Tatsächlich gebe es im Karl-Seitz-Hof kaum Konfliktfälle, die von Wiener Wohnen an wohnpartner weitergeleitet würden, bestätigt Silke.

Für Christian Dick zählen zu einer guten Nachbarschaft neben Verantwortung und Rücksicht, die es für- beziehungsweise aufeinander zu nehmen gilt, auch persön-

„„

Zu einer guten Nachbarschaft zählt neben Verantwortung und Rücksicht, die es für- beziehungsweise aufeinander zu neh-men gilt, auch persön-liche Unterstützung in schwierigen Lebenslagen.

liche Unterstützung in schwierigen Lebens-lagen. Als es ihm selbst eine Zeit lang nicht so gut ging und er mit privaten Problemen zu kämpfen hatte, wurde er von vielen ein-geladen „Du kannst jederzeit zu uns kom-men', haben viele gesagt": zum Grillen im Sommer, zu Weihnachten, um nicht allein zu sein, zum Schnitzelessen – „weil sie wissen, dass ich Schnitzel so gerne mag." Diese Un-terstützung habe ihm sehr gutgetan und ihn auch darin bestätigt, sich weiterhin mit aller Kraft für eine gute Nachbarschaft zu engagie-ren. Noch einmal kommt er darauf zurück, wie schön es sei, bei seiner Tätigkeit so viel Austausch mit ganz unterschiedlichen Men-schen zu haben: „Das Leben ist zu kurz, um zu streiten."

„Wir sind wie eine Familie"

DAS FLORIDSDORFER FRAUENCAFÉ

Es ist Montag, 10 Uhr. Wir befinden uns vor der 10er-Stiege im Dunanthof, es ist der nordöstliche Ausläufer des prunkvollen Karl-Seitz-Hofs. Die zu einer Tafel zusammengestellten Tische vor der Kinder- und Jugendeinrichtung JUVIVO sind reichlich gedeckt. Allerlei Leckereien reihen sich aneinander: Börek mit Käse und Faschiertem, Marillenkuchen, Kartoffelsalat, Zitronenkuchen, Kekse, Wurst und Käse. Zum Trinken stehen Karaffen mit Wasser, Thermoskannen mit Schwarztee und Kaffee bereit. Eine Gruppe von Frauen sitzt um den Tisch, sie lachen, reden und greifen genüsslich zu den mitgebrachten Speisen und Getränken. Das Frauencafé von Floridsdorf hat eben eröffnet. Wie jeden zweiten Montag im Monat, um 10 Uhr, hier an diesem Ort. Bei Wind und Wetter. Dann jedoch nicht draußen, vor dem Eingang der Einrichtung, sondern natürlich drinnen. Aber dieser Tag ist sommerlich warm, einige Wolken ziehen vorüber, das Wetter scheint zu halten. Die Frauen haben einiges zu erzählen. Wie alles begann, was das Floridsdorfer Frauencafé so macht und warum sie dabei sind ...

„

**Meine Einsamkeit
hat sich dadurch ein
bisserl verringert.**

EINE GRUPPE STELLT SICH VOR

Die meisten der Frauen, die an diesem Vormittag hier sind, sind schon etliche Jahre dabei. Eine wichtige Akteurin des Cafés, die immer wieder erwähnt wird, ist Herta Honer. Sie weilt gerade in nördlicheren Breitengraden auf Urlaub und kann deshalb nicht dabei sein. Es sind um die zwanzig bis dreißig Frauen, die sich im Umfeld des Treffs bewegen und immer wieder vorbeikommen. Eine von ihnen ist Martina Berthold. Sie wohnt in Floridsdorf und ist seit zehn Jahren verwitwet. Seit sieben Jahren kommt sie schon zu den Treffen. „Meine Einsamkeit hat sich dadurch ein bisserl verringert. Der Gedanke, dass wir einander hier treffen, unterstützen und unterhalten, hat mir so gut gefallen, dass ich seitdem dabei bin. Ja, das Frauencafé tut gut." Von wem sie davon erfahren hat und wie sie dazugekommen ist? Martina Berthold blickt zu der Frau, die ihr gegenübersitzt. „Durch die Christl." Die Christl ist Christine Stiegler, aber alle nennen sie Christl. Sie ist eine echte Jedleseerin und wohnt in einem Altbauhaus, „im Äugel in Floridsdorf", wie sie betont, und kommt mittlerweile bereits seit acht oder neun Jahren zum Frauencafé.

Warum? Weil es ihr einfach gefällt, unter Leuten zu sein und zu reden. Christl Stiegler kam einst durch die bereits erwähnte Herta Honer zu dieser Gruppe. Wer mehr über das „Äugel in Floridsdorf" wissen möchte, kommt wahrscheinlich nicht um einen Besuch im Bezirksmuseum Floridsdorf umhin. So viel sei jedoch verraten: Es handelt sich um eine Flurbezeichnung im ehemaligen Gemeindegebiet.

Von Anbeginn mitbekommen hat die Initiative Annemarie Erblehner. Die Pensionistin und ehemalige Bezirksrätin hat sich über die Jahre für die Interessen der Bewohner*innen der Nachbarschaft eingesetzt. Sie war bei der Eröffnung des Frauencafés dabei und wenn es sich zeitlich ausging, kam sie zwischendurch gerne vorbei. Sie wirft auch einen kritischen Blick auf die fehlende Verbreitung dieser Zusammenkünfte. „Ich bin traurig", sagt sie, „dass sich das nicht vermehrt hat und mehr Damen an der Sitzung teilnehmen", schließt aber sogleich an, dass sie sich darüber freuen würde, wenn wieder mehr kommen würden. Eine kleine Diskussion entspinnt sich daraufhin, denn nicht alle Teilnehmerinnen sehen das so und heute seien bei Weitem nicht alle hier. Viele der Frau-

"

Mir gefällt es eigentlich sehr gut hier, wir sind sehr gemischt und jede weiß etwas anderes zu erzählen. So einfach ist das. Ich unterhalte mich gut und es ist eine sehr nette Gruppe!

en sind bereits auf Urlaub gefahren, einige davon zu ihren Verwandten und Bekannten in der Türkei. Die Zeit der Coronapandemie und der Lockdowns hat der Gruppe jedenfalls etwas zugesetzt.

Noch nicht im Urlaub ist Christine Pilsz. Sie wohnt in einem Gemeindebau in der Jedlersdorfer Straße und hat von einer wohnpartner-Mitarbeiterin von den Treffen erfahren. Seit drei oder vier Jahren kommt sie nun schon hierher. „Mir gefällt es eigentlich sehr gut hier, wir sind sehr gemischt und jede weiß etwas anderes zu erzählen. So einfach ist das. Ich unterhalte mich gut und es ist eine sehr nette Gruppe!"

Dies kann Nazli Eroğlu nur bestätigen. Sie kommt ebenfalls seit gut drei Jahren zum Frauencafé und findet, es sei ein guter Ort, denn sie mag die Frauen, die sich hier treffen. Mittlerweile hat sie viele neue Frauen

kennengelernt, mit denen sie sich auch abseits des Frauencafés trifft, mit denen sie ihre Zeit verbringt und spazieren geht. Die deutsche Sprache geht ihr noch nicht so leicht von den Lippen. In ihrer türkischen Erstsprache hat sie zuvor mit einer Mitarbeiterin von JUVIVO besprochen, ob sie alles Bisherige korrekt verstanden habe, ehe sie antwortet. Sie nickt zufrieden.

Yadigar Kahraman erzählt auf Türkisch, eine Mitarbeiterin von wohnpartner hilft bei der Übersetzung. Kahraman lebt seit zwanzig Jahren in Österreich und wohnt nun ebenfalls in Floridsdorf. Auch sie kommt sehr gerne zum Frauencafé, denn sie mag die Frauen, die sie hier trifft, und sie wird auch von ihnen gemocht. Es mache ihr Spaß und sie fühle sich wohl hier.

Emine Erbasi ist die Letzte in der Runde, dafür schon am längsten beim Frauencafé dabei. Sie wohnt wie die beiden anderen Frauen im weitläufigen Gemeindebau in der Jedleseer Straße, der sich schräg gegenüber des Karl-Seitz-Hofs befindet. Auch für sie ist Deutsch die Zweitsprache. An den Gesichtern der zuhörenden Frauen ist zu erkennen, dass sie immer gewandter darin wird. Seit neuneinhalb Jahren kommt sie mittler-

Ich bin ein Ausländer und hatte zunächst auch Vorurteile, so wie ich Vorurteile gegenüber mir wahrgenommen habe. Und seitdem ich hierhergekommen bin, sind auch meine Vorurteile weniger geworden. Ich hab viel gelernt, auch mein Deutsch hat sich verbessert und ich habe an vielen sozialen Aktivitäten teilgenommen.

Einander kennenzulernen und eine gemeinsame Sprache zu finden, war von Anbeginn ein wichtiges Motiv des Frauencafés.

weile zum Frauencafé. „Meine Tochter war sechs Monate, als ich mit dieser Gruppe anfing. Jetzt ist sie zehn Jahre, hat ihre Volksschule abgeschlossen" – ein großes Aha und ein freudiges Raunen gehen durch die aufmerksam zuhörende Gruppe – „und jetzt beginnt sie mit der Mittelschule." Wohlwollen und Zustimmung ist zu hören. „Ich freue mich über das Frauencafé."

Was das Frauencafé ist, versucht Annemarie Erblehner zusammenzufassen. Das jedoch gestaltet sich gar nicht so einfach: „Ein Frauencafé ist ein Treffen von Frauen ...", und hier folgt bereits ein erster Einschub von einer Frau aus der Runde: „Ein internationales Treffen, oder?" Sogleich kommt eine weitere Ergänzung hinzu: „Von Frauen aus verschiedenen Kulturen." Annemarie Erblehner, diese Unterbrechungen vielleicht von den dutzenden Bezirksratssitzungen gewohnt, setzt ruhig fort: „Von Frauen, die Zeit haben, und es ist egal, woher die Frauen kommen, denn wir wollen in Wien, dass alle gut zusammenarbeiten und dass sie Deutsch lernen, da wir leider ihre Sprache nicht beherrschen."

Yadigar Kahraman sagt auf Türkisch, was das Frauencafé für sie bedeutet:

Freundschaft. „Ich habe hier viele neue Personen kennengelernt. Ich bin ein Ausländer und hatte zunächst auch Vorurteile, so wie ich Vorurteile gegenüber mir wahrgenommen habe. Und seitdem ich hierhergekommen bin, sind auch meine Vorurteile weniger geworden. Ich hab viel gelernt, auch mein Deutsch hat sich verbessert und ich habe an vielen sozialen Aktivitäten teilgenommen."

Einander kennenzulernen und eine gemeinsame Sprache zu finden war von Anbeginn ein wichtiges Motiv des Frauencafés. Dazu gehört auch, einander dabei zu unterstützen, die Deutschkenntnisse zu verbessern. „Wir wollen erreichen, dass jene, die nicht gut Deutsch sprechen, mit uns auf Deutsch reden. Denn bei uns in Wien sagt man: Durchs Reden kommen d'Leut z'amm. Ich red zum Beispiel sehr schnell, im Dialekt und verschluck alles und die Emine fragt mich dann: ‚Christl, ich hab dich nicht verstanden, wiederhol es bitte.'" Die Frauen lachen. Da dreht sich Annemarie Erblehner zu Christl Stiegler: „Liebe Christl, das sagt nicht nur die Emine." – „Ich weiß, das sagen alle zu mir. Ich red eben schnell und im Dialekt ..."

Die Stimmung bei der Zusammenkunft ist heiter. Man merkt, dass sich die Teil-

„

Es finden jährlich Faschingsfeiern statt und zu Weihnachten werden gemeinsam Kekse gebacken.

nehmerinnen des Cafés gut kennen und einander vertraut sind. „Wir sitzen jedoch nicht nur zusammen, essen, kichern und plaudern, sondern wir tauschen uns aus – wenn man Sorgen und Probleme hat, wir machen Exkursionen und wir treffen uns auch privat. Es werden hier Freundschaften geknüpft." Die Frauen stimmen Martina Berthold zu. Es ist mehr als eine vormittägliche Damenrunde, bei der Kaffee getrunken und Kuchen gegessen wird. Zumal hier auch gesungen, getanzt und geturnt wird. Nicht jedoch jetzt, im Freien, vor den Räumlichkeiten von JUVIVO, sondern drinnen. Dort gibt es ausreichend Platz und hier kann auch in der kalten Jahreszeit das Frauencafé stattfinden.

STARKE FRAUEN

Wenn es um die Frage geht, welche Unternehmungen bisher gemacht wurden und was im Rahmen des Frauencafés bereits alles stattgefunden hat, sprudeln von allen Seiten und Ecken des Tisches die verschiedensten Erinnerungen an vergangene gemeinsame Aktivitäten und Aktionen hervor. Christl Stiegler fällt sofort die Tauschbörse ein, die

sie jährlich machen. „Wir bringen Kleider oder Modeschmuck für Kinder oder Erwachsene hierher, dann hängen wir alles auf und jede Person sucht sich aus, was sie glaubt, dass sie brauchen kann", erklärt Martina Berthold und ergänzt: „Und dazu gibt es natürlich eine Modeschau." Es finden jährlich Faschingsfeiern statt und zu Weihnachten werden gemeinsam Kekse gebacken. Im Gedächtnis geblieben sind Christl Stiegler auch die türkischen Hochzeitsfeiern, zu denen sie eingeladen waren: „Das waren schöne Feste." Beim Thema Tanzen wird Martina Berthold hellhörig. Sie ist eine leidenschaftliche Tänzerin und erzählt, dass sie einmal eine Tanzlehrerin von ihrer Tanzschule eingeladen hatten, von der sie an einem Vormittag neue Tänze gezeigt bekamen. Ein andermal, als es ebenfalls zu einem Tanzvormittag kam, hatten sie sich durch die Welt des Tanzes bewegt. Mit Country-Tänzen hatten sie begonnen und waren schließlich bei türkischen Tänzen gelandet.

> Wenn ich ein Problem habe, dann ruf ich eine der Frauen an und sie kümmern sich um mich. Es ist wie eine Therapie.

Dass die Frauen gut auf ihren Beinen stehen und voll im Schwung sind, kann man auch auf dem nicht ganz so heiligen Rasen in der Siemensstraße in Floridsdorf beobachten. Dort findet alljährlich das „Boccia- und Schachturnier" statt, das von wohnpartner veranstaltet wird. Das Frauencafé stellt ein eigenes Team und ist bei diesem Turnier nicht nur gern gesehen, sondern mittlerweile auch angesehen. Im letzten Jahr, 2021, hat das Team um Christl Stiegler und Emine Erbasi wieder gewonnen. „Als wir das erst Mal mitgemacht haben, haben wir ebenfalls gewonnen. Gegen das Team von Bürgermeister Michael Häupl und den Stadträten", erzählt Christl Stiegler nicht ohne Stolz. Emine Erbasi zieht mit einem Schmunzeln Erfolgsbilanz: „Zweimal erster Platz, einmal zweiter Platz." In diesem Sommer geht es um die Titelverteidigung. Eines ist dabei jetzt schon klar: Unterschätzt wird das Team bestimmt nicht werden. – Wie vor Drucklegung noch in Erfahrung gebracht werden konnte, wurde der Titel erfolgreich verteidigt!

Neben den verschiedenen sportlichen Aktivitäten verabreden sich die Frauen auch zu allerlei kulturellen Unternehmungen. „Einmal sind wir in den ersten Bezirk zum Stephansplatz, den kannten einige noch nicht." Ebru Ayas von wohnpartner berichtet von einer Frau, die ihr ganzes Leben in Wien verbracht habe und bis zu diesem Zeitpunkt noch nie im ersten Bezirk gewesen sei. Auch der Besuch eines alten Wiener Kaffeehauses ist bei Weitem nicht für alle Menschen, die in Wien leben, eine Selbstverständlichkeit und kann, wie der Besuch des Schmetterlingshauses hinter der Hofburg oder das Schloss Schönbrunn eine Entdeckung sein. An den Besuch des Wachsfigurenkabinetts im Prater hat Christl Stiegler eine besondere Erinnerung, die wiederum Heiterkeit in der Runde auslöst: „Da hab ich heut noch ein Bild davon. Da sitz ich mit dem George Clooney bei einem Kaffee!"

Nach dem Motto: Wenn es keine passende Ausstellung gibt, machen wir selbst eine, hat das Frauencafé auch bereits an einer Ausstellung teilgenommen. 2020 wurde von wohnpartner die Wanderausstellung „Starke Frauen im Gemeindebau" konzipiert.

Wir wollen erreichen, dass jene, die nicht gut Deutsch sprechen, mit uns auf Deutsch reden. Denn bei uns in Wien sagt man: Durchs Reden kommen d'Leut z'amm.

Im Kommunikations- und Familienzentrum Bassena im zehnten Bezirk wurde sie eröffnet; vertreten war mit einem eigenen Ausstellungsbeitrag neben anderen wienweiten Frauengruppen das Frauencafé von Floridsdorf.

All diese Unternehmungen passieren jedoch nicht spontan und schon gar nicht von allein. Dazu gehört eine Planung, gehören Besprechungen, Vorbereitungen und Reflexionsrunden, wie in jeder Organisation. Zu Jahresbeginn gibt es eine Jahresplanung mit allem, was dazu gehört. Ein Brainstorming steht am Anfang, anschließend werden die Themen sortiert, überlegt und besprochen, was umsetzbar ist, und dann wird organisiert. So entstanden unterschiedliche Seminare und Workshops zu Themen, die von den Frauen eingebracht wurden: zum Beispiel zum Thema Sicherheit, da wurde eine Expertin von der Polizei eingeladen; als es Diskussionen über Kinder und Kindererziehung gab, wurde eine Psychotherapeutin eingeladen, die zu der Frage „Hat sich die Welt geändert oder haben sich die Kinder verändert?" ein Referat gehalten hat. Für Ebru Ayas war diese Veranstaltung eines der vielen Highlights, an die sie sich gerne erinnert.

Einen Höhepunkt im Jahresprogramm bilden natürlich die 8.-März-Feierlichkeiten. An diesem Tag marschieren die Frauen mit ihren Taferln und Plakaten zur Bezirksvorstehung Floridsdorf und feiern dort den Internationalen Frauentag. Wie könnte es anders sein – es wird auch getanzt!

Je mehr berichtet und erzählt wird, desto deutlicher tritt das Ausmaß an Aktivitäten zutage, und auch die Dimension des sozialen Engagements wird sichtbar. Christl Stiegler ruft in Erinnerung, wie sie im Jahr 2015, als viele geflüchtete Menschen nach Österreich kamen und teilweise wieder weiterfuhren, die Ankommenden unterstützten. „Da sind wir zum Bahnhof gefahren und haben Container mit Kleidungsstücken und Hilfsgütern hingebracht, oder wir sind zum Radstadion, dem Ferry-Dusika-Stadion, und haben dort alle möglichen Sachen abgegeben. Einer Flüchtlingsfamilie mit vier Kindern haben wir eine Wohnung eingerichtet, wir haben Vorhänge, Betten und Möbel besorgt." Yadigar Kahraman hat sich mit ihren Sprachkenntnissen zur Verfügung gestellt, als zur Verständigung mit Geflüchteten aus den kurdischen Gebieten eine Dolmetscherin gebraucht wurde. „Wir sind wie eine Fa-

Das Floridsdorfer Frauencafé ist viel mehr als ein Zusammensitzen am Montagvormittag vor der 10er-Stiege. Es geht hier um aktive Nachbarschaft und um Freundschaften.

> **Es sind ganz unterschiedliche und individuelle Errungenschaften, von denen an diesem Tisch erzählt wird.**

milie," fasst es Emine Erbasi zusammen. Christl Stiegler stimmt ihr zu: „Egal wie wir heißen, wir sind eine Familie."

Ebru Ayas nickt und führt aus, dass das Organisieren von sozialen Projekten mit der Zeit ein Teil des Frauencafés wurde. Dieses gemeinsame Tun und der regelmäßige Austausch stärken wiederum die Frauen selbst.

Emine Erbasi erzählt selbstbewusst, was sich bei ihr in den letzten Jahren alles verändert habe: „Seit viereinhalb Jahren arbeite ich nun und ich freue mich über meine Arbeit. Das macht mich kräftig und sehr stolz. Ich habe die Arbeit selbst gefunden. Jetzt, wenn ich auf Urlaub in die Türkei fliege, miete ich mir dort ein Auto, das mach ich alles selbst. Ich bin einfach mutiger geworden." Ihre Körperhaltung spricht für sich und unterstreicht jeden ihrer Sätze. Es ist ihr aber auch wichtig, etwas von dieser errungenen Kraft und Stärke ihrer Mutter zurückzugeben. Diese lebt in der Türkei und braucht Unterstützung und Pflege. „Ich möchte meiner Mutter eine Freude machen", sagt sie.

Nicht nur Emine Erbasi, auch andere Frauen des Cafés sind in den letzten Jahren durch den Austausch und die Bestärkung innerhalb der Gruppe gewachsen. Es sind ganz unterschiedliche und individuelle Errungenschaften, von denen an diesem Tisch erzählt wird. Das können neue Arbeitsstellen sein, selbst verdientes Geld, oder das Radfahren gelernt zu haben und sich nun selbstbewusst mit Rad und Kopftuch durch die Straßen des Grätzls zu bewegen. Es geht aber auch um die Bewältigung alltäglicher Schwierigkeiten und Probleme, die eine Frau betreffen, wenn sie neu in einem Land ist, ihr die Sprache und die Gepflogenheiten noch nicht vertraut sind. So erzählt Yadigar Kahraman, wie hilfreich es für sie war, durch die Treffen Mitarbeiter*innen von verschiedenen Einrichtungen und im Zuge dessen überhaupt erst die unterschiedlichen Institutionen kennenzulernen. „Zu erfahren, was diese machen, und welche Hilfe ich bekommen kann. Oder wenn ich einen Brief erhalten habe, den ich nicht lesen oder ausfüllen kann, kann ich hierhergehen und mir Unterstützung holen. Das ist für mich eine große Erleichterung."

127

„Andererseits wiederum", erklärt Frau Colak von JUVIVO, „fanden durch die Mütter auch die Kinder und Jugendlichen den Weg ins Jugendzentrum."

Das Floridsdorfer Frauencafé ist demnach viel mehr als das eingangs beschriebene Zusammensitzen am Montagvormittag vor der 10er-Stiege. Es geht hier um aktive Nachbarschaft und um Freundschaften. Wie es dazu kam? Das Verblüffende ist, dass es mit dem Gegenteil begonnen hat.

AM ANFANG WAR EIN STREIT …

Begonnen hat alles mit einem Riesenkonflikt. Jedoch nicht hier, im Karl-Seitz-Hof, sondern im gegenüberliegenden Gemeindebau in der Jedleseer Straße 79–95. Die langjährige wohnpartner-Mitarbeiterin Ebru Ayas erzählt, dass es bereits zu Beginn ihrer Tätigkeit bei wohnpartner, das war im Jahre 2010, in dieser Wohnhausanlage viele Konflikte gab, vor allem, was die Hofnutzung betraf. Richtige Feindschaften hatten sich herausgebildet. Eine Trennlinie verlief, wie es gerne formuliert wird, zwischen „Inländern" und „Ausländern" oder vielmehr zwischen

denen, die sich als solche verstanden haben beziehungsweise als solche wahrgenommen wurden. Auf beiden Seiten gab es Missverständnisse, Vorurteile und Unverständnis. Die Menschen schimpften und stritten sich – jedoch: Streiten ist eine Form der Kommunikation und wo miteinander geredet wird, ist es, wenn es eine prinzipielle Bereitschaft dafür gibt, noch möglich, von den Stufen der Eskalation vorsichtig wieder herunterzusteigen. So kam es nach vielen Vorgesprächen schließlich zu einer Großgruppenmediation und zu weiteren Gesprächen. Ebru Ayas, die mittlerweile nicht mehr in Floridsdorf arbeitet, sondern das Team in Favoriten leitet, erzählt von dieser ersten heiklen Phase: „Das Frauencafé ist aus der Großgruppenmediation hervorgegangen. Es gab damals viele Probleme – vor allem zwischenmenschliche. Es gab viele Neuzuzüge und es gab die alteingesessenen Bewohner und Bewohnerinnen. Diese beiden Gruppen haben sich nie wirklich kennengelernt. Im Zuge dessen sind es die türkischen Frauen gewesen, die gesagt haben: ‚Wir fühlen uns von euch ausgegrenzt, wir würden mehr mit euch in Kontakt kommen.'" Die Frauen trafen sich oft im Hof zum Frühstücken und Plaudern. Und sie ha-

ben die alteingesessenen Bewohnerinnen gefragt: Habt ihr nicht Lust mitzumachen? „Da war auch schon die Emine dabei. Sie war mit ihrem Baby in der Großgruppenmediation, und die Herta, die war auch schon dabei."

Es wurde nicht nur der Konflikt bearbeitet, sondern im Laufe dieses Prozesses des Kennenlernens und Austauschens entstanden ganz neue Verbindungen und Kontakte, die zuvor nicht vorstellbar gewesen wären. „Eine Bewohnerin, eine Österreicherin, hat später einer türkischen Frau eine Arbeit verschaffen können, und die waren zuvor auch keine Freunde", berichtet Ebru Ayas. Das Frauencafé war sowohl der Schlüssel als auch das Ergebnis dieses Versuchs, Brücken zwischen Menschen zu bauen, auf dass diese in einer anderen Form als durch Streit in Verbindung treten. Seitdem ist zwar nicht immer alles eitel Wonne: So kommt es immer wieder zu Gesprächsrunden, zu einem sogenannten runden Tisch, wenn Konflikte oder Probleme auftauchen. Diese können schließlich immer wieder entstehen, wenn hunderte oder tausende Menschen in einer Wohnhausanlage zusammenleben. Das Wesentliche ist aber, dass darüber geredet und gemeinsam versucht wird, Lösungen zu finden.

2019 fand wieder ein runder Tisch statt. Nachzulesen sind die Diskussionspunkte in der *Jedleseer Zeitung*. Das ist übrigens eine Lokalzeitung, die zwei Mal im Jahr erscheint und 2009 von JUVIVO und dem Mieterbeirat gegründet wurde. Mittlerweile sind sowohl wohnpartner als auch die Kinder- und Jugendorganisation *Kinderfreunde aktiv* in der Redaktion vertreten. Das Frauencafé ist, wie könnte es anders sein, auch dabei und gestaltet in jeder Ausgabe eine Seite, um über Themen und Aktivitäten zu berichten und die Teilnehmerinnen zu porträtieren.

Über die Jahre ist es ein Kommen und Gehen geworden. Manche der Frauen haben Kinder bekommen oder können aus beruflichen Gründen nicht mehr teilnehmen, andere sind umgezogen, oder sie sind in ein Pflegeheim gekommen. Einer älteren Frau wurde nicht nur bei der Übersiedlung ins Pensionist*innenheim geholfen, sie wurde auch am Montag zu den Treffen abgeholt, damit sie weiterhin teilnehmen kann. Nach den vielen Jahren gibt es leider auch einige Frauen, die mittlerweile verstorben sind. Auch die Zeit der Pandemie war schwierig. Da konnte das Frauencafé monatelang nicht zusammenkommen – zumindest nicht vor

Bei dem jährlich von wohnpartner organisierten
Schachturnier stellt das Frauencafé ein eigenes
Team und ist bei diesem Turnier nicht nur gern ge-
sehen, sondern mittlerweile auch sehr angesehen.

der Stiege, in der Whatsapp-Gruppe jedoch schon. Dort fand nicht nur der gewohnt rege Austausch statt, sondern „am Montag um 10 Uhr kamen schon die ersten Guten-Morgen-Nachrichten und Frühstücksfotos", erzählt Frau Colak.

FRAUENCAFÉ IST FREUNDSCHAFT

Auf die Frage, warum es wichtig sei, ein Frauencafé zu haben, antwortet als Erste Martina Berthold: „Fürs Herz." Damit hat sie wohl recht. Oft entstehen Freundschaften aus einer direkten Nachbarschaft. „Die Christl und ich sind seit siebzig Jahren Nachbarn. Und seit es mir gesundheitlich schlecht geht, ist sie für mich da. Dafür bin ich ihr sehr dankbar." Annemarie Erblehner blickt zu Christl Stiegler. „Aber sie hat mir früher viel beigebracht, Schwimmen und Eislaufen zum Beispiel," erwidert diese. „Als ich an Corona erkrankt war, ist die Christl gekommen und hat mich versorgt und die Herta hat mir eine Hühnersuppe gebracht. Ich musste nur vor die Gartentür gehen und sie haben mir die Sachen gegeben", erzählt Martina Berthold.

Sich gegenseitig zu helfen, wenn es notwendig ist, das wird aus der Sicht von Yadigar Kahraman in der Frauengruppe gelebt. Generell sei das für eine gute Nachbarschaft wichtig. Sie erzählt von einem Stromausfall, den es einmal gab, und davon, wie die Nachbarinnen zur ihr gekommen sind und ihr Hilfe angeboten haben. „Es wichtig, dass man nachfragt und für die Nachbarn da ist."

Nazli Eroğlu berichtet, wie gut sie mit einer Nachbarin auskomme, einer Österreicherin, wie sie betont. „Wenn sie einen Kuchen macht, bringt sie mir ein Stück und wenn ich Süßes mache, bringe ich ihr etwas. Oder sie kommt zu mir Kaffee trinken oder ich zu ihr." Kennengelernt hat sie viele Nachbarinnen durch das Frauencafé. „Herta, Christl und andere haben mich sehr unterstützt. Wenn ich ein Problem habe, dann ruf ich eine der Frauen an und sie kümmern sich um mich. Es ist ...", Emine Erbasi sucht nach einem passenden Wort, „es ist wie eine Therapie." Alle am Tisch lachen freundlich. Wahrscheinlich ist das Wort sehr gut gewählt und drückt aus, was Martina Berthold mit „fürs Herz" gemeint hat.

„Manchmal bringe ich den Kindern von Emine etwas, denn das liebe ich, wenn

Auf die Frage, warum es wichtig sei, ein Frauencafé
zu haben, antwortet als Erste Martina Berthold:
„Fürs Herz." Damit hat sie recht. Oft entstehen
Freundschaften aus einer direkten Nachbarschaft.

ich den Kindern etwas schenken kann", erklärt Christl Stiegler, worauf ihr Emine Erbasi schlagfertig entgegnet: „Ja, du bist eine gute Oma für meine Kinder." Auch auf die Kinder selbst dürfte der gute Umgang, den die Frauen in der Gruppe pflegen, abfärben. So erinnert sich Martina Berthold an eine besondere Begegnung: „Einmal traf ich deinen Sohn, Emine. Ich hab ihn beim Bahnhof gesehen. Er ist gerade mit der Schule unterwegs gewesen, mit all den anderen Burschen. Auf einmal hat er sich umgedreht, mich gesehen und dann hat er gerufen: ‚Hallo Tina-Oma!' und hat sich gefreut. Ich hab mir gedacht, so nett, dass er mich jetzt begrüßt."

Wie in dem afrikanischen Sprichwort, das besagt, es brauche ein Dorf, um ein Kind großzuziehen, ist es hier in Jedlesee mit dem Frauencafé, das mit Rat und Tat Eltern und Kindern zur Seite steht, und offensichtlich bleibt dies nicht unbelohnt.

Wie es weitergeht mit dem Café und der Gruppe? Schritt für Schritt. Für die kommende Woche ist schon ein Ausflug an den Neufelder See geplant und alles Weitere wird man sehen. Eines ist sicher: Es wird weitergehen.

Ein Nachmittag mit Spider–Man

ÜBER DIE COMICS-BOX AM SCHÖPFWERK

Die „Comics-Box" stand ursprünglich über fünf Jahre im fünften Bezirk, in der Redergasse, und war ein Projekt der Gebietsbetreuung. Die Idee und Initiative kam damals vom Leiter Wolfgang Niederwieser. 2018 wurde sie dem Grätzl-Zentrum Bassena am Schöpfwerk geschenkt und so kam Wiens erste Bibliothek für Comics in den berühmten Gemeindebau in Meidling. Die Eröffnung wurde groß gefeiert. Einer der bekanntesten österreichischen Zeichner, Nicolas Mahler, wurde eingeladen und präsentierte vor einem interessierten Publikum seine Arbeiten.

Über viele Jahre hatte die Comics-Box bei Wind und Wetter ihren Dienst erwiesen. 2022 musste sie jedoch in die Werkstatt gebracht werden. Über Jahre hat die Witterung der Holzverkleidung ordentlich zugesetzt, es sind Rostflecken beim Gestell und etliche undichte Stellen aufgetreten. Leider musste sie daher aus dem Verkehr gezogen werden. In der Auto-Sprache hieße es, sie hat kein „Pickerl" mehr bekommen. Da eine Reparatur zu teuer werden würde, wurde entschieden, eine neue Comics-Box anzuschaffen. Das ist aber nicht so einfach, denn es muss zuerst ein geeignetes Gefährt gefunden, entsprechend hergerichtet und adaptiert werden, und auch dann hätte es die neue Box schwer, denn die mittlerweile pensionierte ist einfach legendär.

Hier eine kurze Beschreibung, um es zu verdeutlichen: Die alte Comics-Box ist eine Mischung aus Imbissstand und Bauwagen. Sie ist bunt bemalt. An den beiden Seiten befinden sich zwei Flügel, die nach oben gezogen und als Sonnen- und Regenschutz verwendet werden können. Auch nach vorne kann ein Teil der Verkleidung hochgeklappt werden, sodass die Box von drei Seiten einsichtig ist. Im Wageninneren befindet sich eine lang gezogene Vitrine, die an eine Verkaufstheke erinnert, an der jedoch nicht Wurst und Käse angeboten werden, sondern eben Comics. Hinten befinden sich Regale, die ebenfalls mit unterschiedlichsten Heften und Büchern vollgeräumt sind. Die visuelle Hauptattraktion befindet sich jedoch nicht in, sondern auf der Comics-Box. Am Dach wacht eine riesige *Spider-Man*-Figur. Wie eine schleichende Katze, die plötzlich etwas wittert und verharrt, liegt sie dort auf der Lauer, den Kopf gehoben, den Blick in die Ferne oder auf die gegenüberliegenden Gebäude gerichtet, als würde *Spider-Man* im nächsten Moment zu einem Sprung auf einen benachbarten Balkon ansetzen und weiterspringen über die Dächer des Schöpfwerks.

Es verwundert daher nicht, dass die alte Comics-Box gegenwärtig noch in vielen Köpfen der Bewohner*innen lebendig ist. Sie stand zwischen Bäumen auf einer Wiese gegenüber der Volksschule, erzählt Wolfgang Starzinger vom Grätzl-Zentrum Bassena am Schöpfwerk. Er kennt nicht nur diese Wohnhausanlage seit vielen Jahren, sondern begleitet und betreut auch die Comics-Box von Anbeginn an. „Sie schaute wie ein Würstelstand aus, mit Vitrine und hinten einem Re-

,,

Am Dach wacht eine riesige Spider–Man–Figur. Wie eine schleichende Katze.

gal. Dort konnte man sich ein passendes Comic aussuchen." Je nach Wetterlage beginnt die Comic-Saison im April oder Mai und endet im September oder Oktober. Natürlich wird jede Saison mit einem Fest eröffnet.

Betreut wird der Stand von verschiedenen Bibliothekar*innen. Eine von ihnen werden wir später noch kennenlernen. Es sind meist junge Studierende mit einer Vorliebe für Comics und Graphic Novels und entsprechenden Fachkenntnissen. Eine gute Beratung ist somit garantiert und ausufernde Fachgespräche können ebenso vorkommen wie ein ruhiges Nebeneinander beim Schmökern. Der Bestand umfasst mittlerweile circa 400 gut sortierte Comics und hält selbst einer strengen Prüfung der Wiener Comic-Szene stand, erklärt Wolfgang Starzinger schmunzelnd.

Es komme sogar vor, dass sie Schenkungen ablehnen müssten, da sie nicht ins Sortiment passen. Da der Platz in der Box nun einmal begrenzt ist, wurde die Entscheidung getroffen, auf Qualität zu setzen. Dies schätzen auch die Leser*innen, die sich in den Sommermonaten auf den Liegestühlen und Lesesesseln, die rund um die Box aufgestellt sind, niederlassen, denn gelesen wird

vor Ort. „Wir sind eine Vor-Ort-Bücherei." Geöffnet ist jeweils Dienstag- und Donnerstagnachmittag. So auch in der provisorischen Saison 2022. Aber wie wird es im nächsten Jahr aussehen? Vielleicht erfahren wir ja bald mehr.

NATURO, WONDER WOMAN & CO.

Um den Hunger nach Comics nicht übermäßig zu strapazieren, haben sich die Mitarbeiter*innen von wohnpartner eine Alternative überlegt: die Pop-up-Comics-Box.

Das sind zwei Plastikboxen gefüllt mit Comics, die den Leser*innen auf mobilen Tischen präsentiert werden – fertig! Bänke, Stühle und Sonnenstühle stehen wie in den Jahren zuvor ebenfalls bereit. Somit steht einem gemütlichen Lesenachmittag nichts mehr im Wege.

Maari Kurosaki ist eine der Bibliothekar*innen. Sie sitzt am Tisch mit den aufgelegten Comics. Es ist ein heißer Sommertag in den Augustferien. Bank und Stühle

"

Der Bestand umfasst mittlerweile circa 400 gut sortierte Comics und hält selbst einer strengen Prüfung der Wiener Comic-Szene stand.

sind noch leer. Maari ist seit Anbeginn bei der Comics-Box, also seitdem sie im Schöpfwerk steht. Sie hat gemeinsam mit ihrer Schwester begonnen und war am ersten Tag bereits hier. Maari kann sich noch daran erinnern, wie sie mit ihr zusammen die Regale der Box eingeräumt hat. Die beiden Schwestern verbindet nicht nur eine Leidenschaft zu den bunten Heften und Büchern, sondern auch zum Zeichnen. „Wir haben als Kinder schon Animes und Mangas gelesen und geschaut. Meine Schwester hat mit mir auch begonnen, Mangas zu zeichnen. Das ist ein ganz eigener Stil." Sie hat kaum zu erzählen begonnen, als bereits die ersten Kinder heranstürmen. Die Bibliothekarin kennt sie bereits, denn die drei waren letzte Woche schon hier. Einer der Jungs greift zu einem Manga-Taschenbuch. *Naruto* von Masashi Kishimoto. „*Naruto* mag ich am meisten", erklärt er der Runde. „Habt ihr den Anime gesehen?", fragt ihn Maari.

„Einmal, mit meinem Bruder, hab ich eine Folge gesehen." Anime sind japanische Animationsfilme und *Naruto* ist eine der erfolgreichsten Mangareihen. „Die jungen Leute kennen heutzutage eher die Mangas, von den Animationsserien oder den Zeichentrickserien aus dem Fernsehen, als die klassischen Comics", erklärt Maari. „Ich habe *Naruto* auf Netflix gesehen", bestätigt der andere Junge, der sich bereits ein Blatt Papier und einen Stift geschnappt hat. „Ich habe immer Zeichensachen dabei, Papier und Stifte, denn die Kinder zeichnen sehr gerne. Darum hängen wir sie auch auf." Sie zeigt nach hinten. Dort steht ein hoher Transportwagen, wie er in Supermärkten verwendet wird und in dem die Kisten mit Büchern und Heften transportiert werden. Die Seitenwände sind voller Zeichnungen der Kinder.

„Wir haben uns auch überlegt, irgendwann einmal eine Ausstellung zu machen." Maari beweist gerade ihre Multitaskingfähigkeiten: Dort gibt sie eine Antwort zu den Comics, hier Tipps zu den Zeichenausführungen. „Es wird hier sehr viel gezeichnet", sagt sie, als die Kinder sich wieder ihren Zeichnungen und den Heften widmen. „Wir haben früher auch Zeichenworkshops

Trotz seiner imposanten Hochhäuser bei der U-Bahn, den vielen Höfen und Durchgängen und den hoch aufragenden Wohnbauten hat das Schöpfwerk etwas Dörfliches. Ein Dorf mit gut 5.500 Menschen, die hier wohnen, und das sogar recht gut.

„

In gewissem Sinne sind auch die Bewohner*innen wie ein lebendiges Orchester, in dem die Menschen unterschiedliche Töne und Rollen spielen.

gemacht. Meine Schwester, ich und die anderen Bibliothekar*innen haben einen starken Bezug zum Zeichnen und zum Malen. Deswegen helfen wir den Kindern, wir zeigen ihnen, wie man etwas machen kann, wenn sie daran interessiert sind. Mich freut es einfach zu sehen, wie gut die Kinder zeichnen können." Das Mädchen, das nun ebenfalls am Tisch Platz genommen hat, hat sich ein *Wonder-Woman*-Heft genommen und blättert darin. Die drei wohnen hier im Schöpfwerk und kommen gerne hierher. Das Mädchen erzählt, dass sie Comics liebt, vor allem *Wonder Woman*, die finde sie „urcool". Die Serie schaue sie jeden Tag. *Mickey Mouse* und hier vor allem *Minnie Mouse* mag sie ebenfalls. Sie erzählt, dass sie in Tschetschenien geboren sei und ab Herbst in die Vorschule gehe. Das Schöpfwerk? Das finde sie ebenfalls cool.

Die Kinder fühlen sich wohl hier. Sie lesen und zeichnen, springen wieder auf, laufen über die Wiese, kommen wieder zurück und reden mit Maari. Inzwischen hat eine andere Gruppe von Kindern die Pop-up-Comic-Box entdeckt. Sie sind zum ersten Mal hier. In einem einladenden Gespräch werden sie von der Bibliothekarin darüber informiert, was es hier zu sehen gibt und wie das

hier funktioniert. Bald darauf sitzen die Kinder in Sonnenliegen und Stühlen und beginnen zu zeichnen. Sie haben die Comics-Box durch Zufall entdeckt, erklären sie, und dass sie seit circa einem Jahr hier wohnen. Wie es ihnen hier gefällt? „Es geht so. Die Menschen sind manchmal nicht so nett hier", meint das älteste Mädchen. „Aber wir wohnen gerne hier." Sie und ihre Freundin, die gerade mit ihren Geschwistern den Comic-Tisch durchstöbert, sind fast zugleich in die Wohnhausanlage gezogen. Sie kennen sich seit neun Jahren, seit sie in ihrem alten Wohnhaus Nachbarinnen waren. Genauer gesagt, haben sie sich im Hof kennengelernt. „Da waren sie vier oder fünf Jahr alt", erzählt das Mädchen. Darum war die Freude bei ihnen auch so groß, als sie erfuhren, dass sie fast gleichzeitig hier ins Schöpfwerk gezogen sind und nun wieder Nachbarinnen sind.

Jetzt in den Ferien nutzen sie die Gelegenheit und sind viel zusammen draußen, treffen sich mit anderen Freunden im großen

Park in der Anlage. Hier ist immer etwas los, viele Kinder streunen durch die Anlage. So kann es auch immer mal passieren, dass es zu Streitigkeiten kommt. Die beiden Freundinnen haben jedoch ein Rezept, um zu verhindern, dass diese Streitigkeiten tiefe Risse und Spuren hinterlassen. Ob es ein Geheimnis ist?

„Eigentlich haben wir kein Geheimnis. Wir kennen uns schon lange, unsere Eltern sind befreundet. Wenn man Streit hat, ist es wichtig, diesen so schnell wie möglich zu klären, bevor man den Kontakt abbricht." Die beiden Mädchen lächeln einander an und erzählen bereitwillig, wie sie das handhaben. „Wenn wir streiten, dann schreiben wir uns eine Stunde lang nicht, danach schreiben wir uns gegenseitig an und entschuldigen uns und dann sind wir wieder Freunde. Denn man kann ja nicht eine Freundschaft von neun Jahren einfach so wegschmeißen. Das geht für uns nicht." Besser hätte es ein Experte oder eine Expertin in Sachen Konfliktvermittlung auch nicht erklären können. In der Hitze des Gefechts können oft dumme oder verletzende Sachen gesagt werden und daher ist es besser, für einen Moment auf Distanz zu gehen, die Gemüter etwas abkühlen

zu lassen, dann aber wieder den Kontakt zu suchen, den Vorfall zu besprechen und sich für etwaige verletzende Äußerungen zu entschuldigen.

Inzwischen sind die nächsten Besucher*innen eingetroffen. Eine Mutter mit ihrem Sohn. Sie nickt zum Gruß und hält sich etwas abseits, während sich ihr Sohn gleich an den Tisch setzt. Seine Wahl fällt auf einen Comic-Roman: *Böse Falle* lautet der Titel, ein Band aus der Reihe *Gregs Tagebuch* von Jeff Kinney. Greg ist ein Junge, der mit seinem Freund Rowley allerlei Abenteuer erlebt. Während der Junge langsam im Comic versinkt und in die Welt von Greg und Rowley eintaucht, beginnt die Frau zu erzählen. Über die Schwierigkeiten, im Sommer geeignete Aktivitäten für die Kinder zu finden, wenn die Schule geschlossen ist und man die Zeit nicht zu Hause verbringen möchte. Schwierig wird es, wenn wenig Geld zur Verfügung ist, und für sie, die aus gesundheitlichen Gründen nicht lange draußen sein kann, ist es nicht so einfach, etwas Geeignetes für ihren Sohn zu finden. Dieses Angebot hier, die Frau sucht nach dem richtigen Wort – „Comics-Box" wird ihr zugerufen – diese Comics-Box ist sehr gut, erklärt die Frau. Nach

Wenn wir streiten, dann schreiben wir uns eine Stunde lang nicht, danach schreiben wir uns gegenseitig an und entschuldigen uns und dann sind wir wieder Freunde. Denn man kann ja nicht eine Freundschaft von neun Jahren einfach so wegschmeißen. Das geht für uns nicht.

> **Mit offenen Augen herumgehen und die Dinge wahrnehmen, das ist für mich das Wichtigste.**

dem kurzen Gespräch wendet sie sich wieder ihrem lesenden Sohn zu.

An diesem heißen Augustnachmittag haben sich in den zwei Stunden, die die Comics-Box geöffnet hatte, die verschiedensten Menschen eingefunden. Viele Kinder, einige Erwachsene, manche haben im Vorbeigehen zugewunken oder gegrüßt. Trotz seiner imposanten Hochhäuser bei der U-Bahn, den vielen Höfen und Durchgängen und den hoch aufragenden Wohnbauten hat das Schöpfwerk etwas Dörfliches. Ein Dorf mit gut 5.500 Menschen, die hier wohnen, und das sogar recht gut.

EINE FRAGE DER PERSPEKTIVE

An diesem Nachmittag steht eine weitere Besonderheit auf dem Programm – ein Fotoworkshop. Franz Svoboda, Fotograf aus Leidenschaft, liebt es, den Menschen die Kunst der Fotografie nahezubringen. Gelegenheit dazu hat er in den verschiedenen VHS-Kursen, die er anbietet, oder in Workshops wie diesem, der über wohnpartner eingefädelt wurde. Eine kleine Gruppe hatte sich zuvor, etwas abseits der Comics-Box, unter seiner

Anleitung einer Perspektivenübung gewidmet. Staunend wurden anschließend die Ergebnisse auf den Handys verglichen. „Was ich in jedem Kurs zu vermitteln versuche, ist der Blick für das Sehen", erklärt Franz Svoboda. „Es ist egal, ob ich das dann fotografiere, male oder einfach nur genieße. Mit offenen Augen herumgehen und die Dinge wahrnehmen, das ist für mich das Wichtigste." Diese genaue Wahrnehmung – die Neugierde und der offene Blick – ist nicht nur in der Fotografie oder der Malerei wesentlich, sondern kann in vielen Bereichen des Lebens einen guten Dienst erweisen. Bei Konflikten oder Streitigkeiten kann es hilfreich sein, die eigene Position oder Perspektive für einen Moment zu verlassen und versuchen herauszufinden, wie es die andere Partei wahrnimmt.

Lange Zeit galt die Wohnhausanlage Am Schöpfwerk, die von 1976 bis 1980 errichtet wurde, als sozialer Brennpunkt oder Problemort. Die vor allem medial betriebene Stigmatisierung stand der Wahrnehmung der Bewohner*innen oft diametral gegenüber. Und auch die Darstellung im kabarettistischen Kultfilm *Muttertag*, der hier im Wohnkomplex gedreht wurde, war wenig schmeichelhaft. Mit viel Engagement, das oft ihn der Bassena seinen Ausgang nahm, und durch Gegendarstellungen in der Lokalzeitung *Schöpfwerkschimmel* konnte über die Jahre die Perspektive auf diesen Gemeindebau verändert werden. In der Fotografie spielen die Facetten eines Gegenstands oder die verschiedenen Elemente, die ein Bild ergeben, eine wichtige Rolle. Wie in der Musik wird dies als Komposition oder Bildkomposition verstanden. „Der Gemeindebau ist vielleicht so ein Ort, wo viele fragen würden: ‚Was soll man da fotografieren?' Aber das stimmt gar nicht! Es ist ein sehr interessantes Feld und da rede ich noch gar nicht von den Menschen, sondern was man alles findet und sieht, wenn man es genauer betrachtet. Es sind Farben und Linien, also jene Komposition, die ein gutes Foto ausmacht." In gewissem Sinne sind auch die Bewohner*innen wie eine Komposition oder zumindest wie ein lebendiges Orchester, in dem die Menschen unterschiedliche Töne und Rollen spielen und verschiedene Beziehungen zueinander eingehen.

Maari hat diesbezüglich einiges erlebt und die unterschiedlichsten Besucher*innen kennengelernt. Manche davon wurden richtige Stammkund*innen. An einen erinnert sie sich besonders gern. „Er hat nur die klassischen Comics gelesen. Er hat gefragt, wann wir wieder da sind, hat sich bedankt und ist das nächste Mal wiedergekommen. Er hat die ganzen alten Comics, die sich sonst niemand ausborgt, wie *Tarzan*, die ich selbst nicht kenne, von vorn bis hinten chronologisch gelesen, bis wir am Schluss fast gar nichts mehr für ihn zum Lesen hatten. Manchmal hat ihn seine Frau abgeholt und gesagt: ‚Du solltest jetzt nach Hause gehen.' Er hat gemeint, er hat hier ein bisschen seine Jugend wiedergefunden und das fand ich sehr schön." Die Bibliothekarin lächelt, während sie erzählt und sich an den Mann erinnert. „Seit Corona habe ich ihn leider nicht mehr hier gesehen."

Während der Coronapandemie kamen generell weniger Leute. Da stand zwar noch die alte Comics-Box in der Wiese, aber es wurde zum Schutz eine zusätzliche Plexiglasscheibe angebracht, es wurden natürlich Masken getragen und es waren weniger Stühle aufgestellt. Dennoch hatte die Comics-Box

> **Man kann hierherkommen und findet bestimmt wen zum Plaudern.**

an den beiden Tagen wie immer geöffnet. Triumphierend sagt Maari: „Ganz ausgestorben ist sie nie. Gott sei Dank!" Der Erfolg bei der Bewohnerschaft ist zum einen dem Sortiment geschuldet. Für jede Altersgruppe ist etwas dabei. „Wir haben Graphic Novels und Comics, die für Erwachsene sind, und da wir vor einer Schule stehen, kommen auch viele Kinder und Jugendliche nach der Schule vorbei, deshalb haben wir auch mehr für diese Altersgruppe aufgelegt." Nicht zu vergessen in diesem Zusammenhang: *Spider-Man*! „Der hat bestimmt auch viele Kinder und Jugendliche angelockt", so die Comic-Expertin. Aber allein auf das Zugpferd *Spider-Man* zu setzen ist der leidenschaftlichen Bibliothekarin zu wenig. Deshalb orientiert sie sich auch an den Bedürfnissen und Wünschen des Publikums. „Wir haben eine Liste und schreiben auf, wonach die Kinder fragen. Wie eben *Naruto* oder *One Piece*. Und wenn die öfter vorgekommen sind, haben wir das weitergeleitet und so sind auch viele der Manga-Comics dazugekommen."

Zum anderen ist der Erfolg auch dem sozialen Moment geschuldet. Man kann hierherkommen und findet bestimmt wen zum Plaudern. Die Comics-Box, egal ob im Wagen oder als Pop-up-Version, ist ein „Mundöffner". So bezeichnet es Wolfgang Starzinger. Jung und Alt aus der Umgebung kommen zusammen, lesen – und sie kommen ins Gespräch. „Manche kommen einfach nur zum Tratschen." Die Comics-Box ist somit ein wichtiger sozialer Treffpunkt. Nicht ohne Genugtuung berichtet Wolfgang Starzinger davon, wie ihre anfänglichen Befürchtungen über die Jahre alle widerlegt wurden: Wird sie überhaupt angenommen werden? Wird sie beschädigt oder bekritzelt werden? Wird womöglich gar die *Spider-Man*-Figur gestohlen? Nichts davon ist passiert. „Einmal hatten wir sogar vergessen zuzusperren. Erst als wir sie das nächste Mal aufsperren wollten, haben wir es bemerkt. Es wurde kein einziges Comic gestohlen oder sonst etwas entwendet." Die Bewohner*innen am Schöpfwerk schätzen ihre Comics-Box, egal in welcher Form, und wahrscheinlich schätzen sie es auch, selbst wertgeschätzt zu werden.

DIE GUTE NACHRICHT ZUM SCHLUSS

Zu Herbst-Beginn konnte von Gebietsleiter Vincent Wohinz eine Erfolgsmeldung verlautbart werden. Nach langer Suche wurde eine neue würdige Comics-Box gefunden. Diese wird ab der Saison 2023 am gewohnten Platz stehen und mit Sicherheit mit einem vergnügten Fest eröffnet werden. So viel kann schon verraten werden: Es wird eine nagelneue Comics-Box sein, ein Stehwagen aus Metall, robust und wetterfest, im Stil und Geist der alten Box und mit dem Spirit einer neuen. Da sie bis dato noch recht „nackt" ist, wird sie wie die alte bemalt werden und *Spider-Man* wird auch wieder auf dem Dach sein Zuhause finden. Einer nächsten Comics-Saison steht damit nichts mehr im Wege.

Die Bewohner*innen am Schöpfwerk schätzen ihre Comics-Box, egal in welcher Form, und wahrscheinlich schätzen sie es auch, selbst wertgeschätzt zu werden.

„Ich finde, dass wir ihnen etwas fürs Leben mitgeben."

LERNBEGLEITUNG IM ZEHNTEN BEZIRK

„Manche Sachen waren besonders einfach. Ich hab zum Beispiel einen aufgeweckten Schüler gehabt, der seine letzte Mathematik-Schularbeit besonders gut machen wollte. Deshalb hat er seine Lehrerin gefragt, was für ein Stoff kommt. Die hat ihm einfach die Anweisungen aus dem Unterrichtsministerium hingeknallt und ich hab ihm das übersetzen müssen", erzählt Siegfried Kaiser von einer seiner zahlreichen Erfahrungen als Lernbegleiter. „Man lernt selbst sehr viel, vor allem die Fragen des Rechenbuchs zu interpretieren. Das ist nicht immer ganz leicht", meint Beatrix Mikes, seine Kollegin bei der Lernbegleitung in der Ankerbrot-Siedlung im zehnten Wiener Gemeindebezirk. „Das ist sogar für Muttersprachler schwierig. Für andere ist es praktisch unmöglich, da die Rechnung herauszudestillieren", seufzt Siegfried.

Die Frauen und Männer, die sich momentan im
zehnten Bezirk engagieren, sind auf unterschiedlichen
Wegen zur Lernbegleitung gekommen.

Er selbst ist auf Umwegen zur Lernbegleitung gekommen. Ein vietnamesischer Arbeitskollege habe ihn eines Tages angerufen und ihm von einem Brief erzählt, den er von der Lehrerin seiner Tochter erhalten habe. Kurz vor dem Ende der ersten Klasse Volksschule habe die Lehrerin seinem Kollegen mitgeteilt: „Ihre Tochter versteht mich nicht, machen Sie etwas." Das sei eine Art „Weckruf" für Siegfried gewesen. Daraufhin hat er als Lernbegleiter begonnen und ist so auch „zur Trixi" gekommen.

Beatrix Mikes ist seit zehn Jahren Lernbegleiterin. Eine Mitarbeiterin von wohnpartner habe sie und ihren Mann damals gefragt, ob sie nicht bei der Lernbegleitung mitmachen wollten. Ihr Mann sei es gewesen, der sie schließlich davon überzeugt habe. So sind sie beide zur Lernbegleitung gekommen. Bis heute engagiert sich Beatrix dafür, Schüler*innen beim Lernen und bei den Hausaufgaben zu unterstützen. „Die Lernbegleitung macht Urspaß, weil die Kinder urdankbar sind, dass man ihnen hilft. Und das ist sehr schön, wenn sie dann freudestrahlend kommen: ‚Ich hab was geschafft, ich hab eine Eins bekommen.'"

Momentan unterstützen drei Lernbegleiter*innen in der Ankerbrot-Siedlung drei Kinder. Vor der Coronapandemie sei das Betreuungsverhältnis „enorm" gewesen, erzählt Beatrix: „Eins zu fünf, also fünf Kinder pro Person, das war unmöglich." Es seien auch Kinder aus allen Pflichtschuljahren, von der ersten Klasse Volksschule bis zur vierten Hauptschule, gekommen, mit Problemen in allen Fächern, in Mathematik, Physik, Deutsch, Englisch. Für die Lernbegleitung hätten sie einen Gemeinschaftsraum in der Ankerbrot-Siedlung „ergattert". Das Team der Bassena 10, dem Grätzl-Zentrum in der Per-Albin-Hansson-Siedlung, habe alte Möbel zur Verfügung gestellt. So konnten sie sich bequem einrichten. Allerdings seien sie die einzige Lernbegleitung ohne Toiletten und ohne Wasser. „Das war eine unglückliche Gemeindebau-Zeit, in der die Siedlung errichtet wurde. Es wurden zwar viele Gemeinschaftsräume geplant, aber ohne WC und Wasser", meint Siegfried.

Die Ankerbrot-Siedlung wurde Anfang der 1980er-Jahre gebaut. Insgesamt sechs Architekten planten die Wohnblöcke, die sich entlang der Absberggasse erstrecken und sich über die Fläche zwischen der Quellenstraße und der Puchsbaumgasse verteilen. Den Namen hat die Wohnhausanlage

„

Die Kinder lernen, über Alters- und Herkunftsgrenzen hinaus miteinander umzugehen.

von den sogenannten Ankerbrot-Gründen, auf denen 1891 die Ankerbrot-Fabrik errichtet wurde. Das Fabriksgelände hat sich im Laufe der Jahrzehnte sukzessive verkleinert. Bis vor Kurzem produzierte die Firma Ankerbrot noch ausschließlich im zehnten Bezirk. Im Frühjahr 2022 erfolgte der Spatenstich für eine neue Produktionsstätte in Niederösterreich. Heute erinnert nur mehr der markante Backsteinbau daran, in dem sich Galerien, Ateliers, Schauräume, Büros, Lofts und Gastronomieeinrichtungen befinden. Nördlich der Siedlung liegt das berühmt-berüchtigte Kreta-Viertel, das einst als sozialer Brennpunkt galt und heute als lukratives Aufwertungsgebiet gehandelt wird. Nicht weit davon entfernt befindet sich hinter einer Schrebergartensiedlung und der Südosttangente das Naherholungsgebiet rund um den Böhmischen Prater, der als ein fast vergessenes kleines Wiener Juwel bezeichnet werden kann. Die Wohnhausanlage Ankerbrotgründe, wie sie offiziell heißt, liegt, von unterschiedlicher städtischer Infrastruktur eingebettet, am Rande von Favoriten und trägt nach außen meist graue unscheinbare Häuserfronten zur Schau. Im Inneren verbergen sich neben hochragenden Häuserzeilen, wie so oft, viele Winkel und Ecken mit Spiel- und Grünflächen. Im Süden öffnet sich die Anlage hin zur alten, ehemaligen Brotfabrik.

„WEIL ICH MICH IN DIESER GESELLSCHAFT AM WOHLSTEN FÜHLE"

Die Frauen und Männer, die sich momentan im zehnten Bezirk engagieren, sind auf unterschiedlichen Wegen zur Lernbegleitung gekommen. Bei manchen hat der Zufall nachgeholfen, manche sind mit der Zeit hineingewachsen, andere wiederum haben in der Pension nach einem neuen Lebensinhalt gesucht.

Karl Lauermann ist seit neun Jahren bei der Lernbegleitung im Karl-Wrba-Hof. „Eine einfache Geschichte" sei es gewesen, warum er damals dabei „hängen geblieben" sei, obwohl er „mit Schule an und für sich nichts zu tun" habe: „Ich bin kein Lehrer, ich bin von Beruf Koch und Konditor. Beides

"

Erstens ist es für mich gut, man bleibt geistig rege, und zweitens gebe ich etwas zurück, was ich von der Gesellschaft auch bekommen habe — Unterstützung.

habe ich ausgeübt. Als es mir dann zu stressig wurde, bin ich in den Handel gegangen." Heute ist er Pensionist. Im zwölften Bezirk, wo er immer noch wohnt, gab es damals auch so eine Art Nachbarschaftszentrum: „Das war ein Tauschklub, wohin man alte Sachen bringen konnte, und etwas anderes mitnehmen." Eines Tages, als er wieder einmal etwas abgeben wollte, sei er überraschenderweise vor verschlossenen Türen gestanden. Er wurde auf die Bassena im zehnten Bezirk verwiesen. „Also hab ich die Sachen gepackt und bin dorthin. Da war gerade eine Veranstaltung. Eine Dame, die leider in der Zwischenzeit schon verstorben ist, saß dort und hat zu mir gesagt: ‚Ah, kommen Sie auch wegen der Lernbegleitung?' Sag ich: ‚Wegen der Lernbegleitung? Nein, ich bring nur meine Sachen hierher.'" Sie habe jedoch nicht so schnell

aufgegeben: „Wollen Sie nicht eine Ausbildung machen zur Lernbegleitung?"

Karl hat sich schließlich entschieden, es damit zu versuchen. „Aber ich wollte mich zu nichts verpflichten." Nach der Ausbildung wurde er noch einmal gefragt, ob er nicht bei der Lernbegleitung bleiben wolle. „Ich hab gesagt: ‚Ich bleibe schon, aber ich weiß ja gar nicht, wie das ist, ob die Kinder annehmen, was ich mache.' Damals kam ich nach Hause und hab das beim Nachtmahl erzählt, da waren die Enkelkinder da. Die Kinder haben gesagt: ‚Du kannst das schon, Opa, du kannst das! Du hast ja mit uns auch gelernt.' Sag ich: ‚Ich hab mit euch gelernt? Nicht, dass ich mich erinnern könnte.' ‚Doch!' Da ist mir eingefallen, wie die Kinder früher zu mir kamen und Computerzeit haben wollten, für Spiele." Daraufhin habe er mit seinen Enkeln vereinbart, dass sie sich ihre Computerzeit verdienen könnten, indem sie Rechenaufgaben lösten. „Für jedes gelöste Rechenbeispiel gab es Zeit. Das hab ich mit ihnen so gemacht." Auf die Ermunterung seitens der Kinder hin habe er sich gesagt: „Ich schau mir das mal an." Seitdem ist er dabei und begleitet Kinder aus dem Karl-Wrba-Hof bei ihren Schulaufgaben. „Der Grund, warum ich's mache, ist:

„Man freut sich, dass man ein bisschen etwas dazu beigetragen hat, wenn die Kinder Erfolg haben.

Erstens ist es für mich gut, man bleibt geistig rege, und zweitens gebe ich etwas zurück, was ich von der Gesellschaft auch bekommen habe – Unterstützung."

Olga Burian hat 55 Jahre lang in der Per-Albin-Hansson-Siedlung gewohnt. Vor Kurzem ist sie in ein Pensionist*innenhaus gezogen, nachdem ihre jüngste Tochter ihre Gemeindebauwohnung übernommen hatte. „Ich hab jahrelang die Bassena gesehen, weil ich gleich daneben gewohnt habe. ‚Irgendwann werd ich schauen, was da drinnen los ist', hab ich mir immer wieder gesagt. Aber dann waren drei Kinder da und schließlich vier, da war es nicht möglich." Vor ungefähr zwanzig Jahren ist es so weit gewesen: Olga ist zum ersten Mal zu einem Eltern-Kind-Café in die Bassena gegangen. „Ich liebe ja Kinder. Da waren die Kleinen, das war so lieb. Ich bin hergekommen und war die Oma für alle. Und dann hat mich die Helena von der Bassena angesprochen, ob ich nicht Lernbegleitung machen möchte. Da hab ich gesagt: ‚Ja, das mach ich.'" Nach den Corona-Lockdowns habe sie bemerkt, dass sie älter werde. „Ich bin nicht mehr so fit. Die Lernbegleitung macht mir Spaß, aber es wird mir langsam zu anstrengend."

Auch Elisabeth Grieszbach, die selbst nicht im Gemeindebau wohnt, ist über die Bassena in der Per-Albin-Hansson-Siedlung zur Lernbegleitung gekommen. Bei einem Spiele-Nachmittag, den sie gemeinsam mit ihrer Schwester besucht hat, ist sie von wohnpartner-Mitarbeiter*innen angesprochen worden. Mittlerweile ist sie seit acht Jahren als Lernbegleiterin tätig: „Man freut sich, dass man ein bisschen etwas dazu beigetragen hat, wenn die Kinder Erfolg haben." Adelheid Feigl, Elisabeths Schwester, lebt seit 45 Jahren in der Per-Albin-Hansson-Siedlung und ist seit vielen Jahren bei verschiedenen Aktivitäten dabei – so auch bei der Lernbegleitung: „Ich habe das Gefühl, dass ich von jemandem gebraucht werde. Solange es Spaß macht und solange es gesundheitlich geht, mach ich das furchtbar gerne."

Hans Böhm wurde von seiner Lebenspartnerin gefragt, ob er nicht bei der Lernbegleitung mitmachen möchte. „Du bist eh so gern Oberlehrer", habe sie ihn geneckt,

Ich habe das Gefühl, dass ich von jemandem gebraucht werde. Solange es Spaß macht und solange es gesundheitlich geht, mach ich das furchtbar gerne.

,,

Etwas Wertvolleres, als in dieser Gesellschaft zu sein und wirken zu dürfen, kann ich mir nicht vorstellen.

woraufhin er sich entschieden habe, seine anderen Aktivitäten, wie zum Beispiel das Tennisspielen, zugunsten der Lernbegleitung aufzugeben.

Weder Michaela Zöchling noch Doris Winkler leben in einem der drei großen Gemeindebauten: Michaela, die in einer Kleingartensiedlung wohnt, hat vor sechs Jahren zufällig gelesen, dass dringend Lernbegleiter*innen gesucht werden. Da habe sie sich gemeldet. Seitdem ist sie Lernbegleiterin in der Per-Albin-Hansson-Siedlung. Doris wiederum ist vom 23. Bezirk, wo sie auch heute noch wohnt, regelmäßig zu einem Turnkurs in die Bassena gefahren. Dort habe sie gesehen, dass ganz verschiedene Kurse angeboten werden. Nach dem Turnen habe sie die Lernbegleitung „einmal ausprobiert". Nun ist sie seit fünf Jahren dabei: „Ich hatte früher einen Beruf mit Kindern, dadurch macht mir die Lernbegleitung sehr viel Spaß."

Bei Gabriele Beroun ist es, wie bei Doris, eine krankheitsbedingte Frühpension gewesen, die sie veranlasst hat, sich einen neuen Lebensinhalt zu suchen: „Ich mache die Lernbegleitung aus dem Grund, weil es mir sehr guttut und weil ich mich in dieser Gesellschaft am wohlsten fühle, da sie ehr-

lich ist ... Und ich kann lernen", fügt sie nach einer kurzen Pause hinzu. „Ich hab ja meine Hände. Und ich habe bemerkt, dass sie abstoßend sind für andere Menschen, obwohl sie sagen: ‚Nein, nein, das macht mir nichts aus.' Die Kinder haben meine Hände einfach interessiert angeschaut und gefragt: ‚Jö, wie geht es dir?'" Drei Jahre später noch habe eine ehemalige Schülerin gefragt, wie es ihren Händen gehe. „Das hat mich so verblüfft: Dieses Kind sieht mich zwei Mal in der Woche zwei Stunden und hat sich das nach drei Jahren gemerkt." Etwas Wertvolleres, als in dieser Gesellschaft zu sein und wirken zu dürfen, könne sie sich nicht vorstellen.

„DIE SPRACHE UND IHR GEBRAUCH MÜSSEN AUCH GEPFLEGT WERDEN"

Das Grätzl-Zentrum Bassena 10 in der Per-Albin-Hansson-Siedlung ist die Drehscheibe der Lernbegleitung im zehnten Wiener Ge-

Die Grätzl-Zentren sind
Orte des Miteinanders,
wo gemeinschaftliches
Engagement die gute
Nachbarschaft unter-
stützt.

Da waren die Kleinen, das war so lieb. Ich bin hergekommen und war die Oma für alle.

meindebezirk. Die Per-Albin-Hansson-Siedlung wurde zwischen 1947 und 1976 am Südhang des Laaer Bergs errichtet und befindet sich ebenfalls am Rand von Favoriten. Bei guter Sicht kann man im südlichen Wiener Becken die Erhebungen der Ausläufer der Alpen erkennen.

Die Wohnhausanlage ist in drei Teile gegliedert, einen Nord-, einen West- und einen Ostteil, zu dem auch der Olof-Palme-Hof zählt. Insgesamt leben rund 14.000 Menschen in der Siedlung. Während der westliche Teil nach dem Vorbild der sogenannten Gartenstädte der 1920er- und 1930er-Jahre mit einstöckigen Gebäuden geplant wurde, handelt es sich beim Bauteil Nord um einen der ersten Plattenbauten Wiens mit dreistöckigen Mehrfamilienhäusern, die zu Häuserzeilen gruppiert sind. Am dichtesten verbaut ist der östliche Teil, der sogenannte PAHO: Mit 5.000 Wohnungen zählt er zu den größten Siedlungen der Stadt. Der angrenzende Olof-Palme-Hof ist ein Superblock, der aus vier wabenförmig angeordneten Einheiten besteht. Neun bis zwölf Stockwerke sind die

Blöcke hoch, dazwischen liegen großzügige Grünflächen. Nach oben hin sind die Stockwerke ein wenig zurückversetzt, sodass alle Wohnungen über einen südöstlich ausgerichteten Balkon verfügen. Benannt wurde die Per-Albin-Hansson-Siedlung nach dem bis 1946 amtierenden Ministerpräsidenten Schwedens – zum Dank für die Hilfe des Landes Schweden nach dem Zweiten Weltkrieg.

Das Grätzl-Zentrum Bassena 10 liegt neben dem EKAzent Hanssonzentrum, dem Einkaufszentrum der Siedlung, an das auch die U-Bahn-Station Alaudagasse angrenzt, im Olof-Palme-Hof. Im Sommer 2020 wurde die Einrichtung nach einer dreimonatigen Sanierung wieder eröffnet. Die Angebote sind breit gefächert und sprechen Nachbar*innen weit über die Grenzen der Wohnhausanlage hinaus an. Das Eltern-Kind-Café, das vielseitige Bewegungsangebot und die Lernbegleitung sind nur einige davon. Insgesamt gibt es acht Grätzl-Zentren, die wohnpartner für nachbarschaftliche Aktivitäten zur Verfügung stellt: das Grätzl-Zentrum Ruthnergasse, das Grätzl-Zentrum Kaisermühlen, das Grätzl-Zentrum Hernals, das Grätzl-Zentrum Karl-Waldbrunner-Hof, das Grätzl-Zentrum Wienerberg, das Grätzl-Zentrum Bassena 10,

das Grätzl-Zentrum Bassena am Schöpfwerk und das Grätzl-Zentrum Atzgersdorf. Eines ist ihnen allen gemeinsam: Es sind Orte des Miteinanders, wo gemeinschaftliches Engagement die gute Nachbarschaft unterstützt.

Bei der Lernbegleitung, die im Grätzl-Zentrum Bassena 10 für die Per-Albin-Hansson-Siedlung, für den Karl-Wrba-Hof sowie für die Ankerbrot-Siedlung koordiniert wird, ist das ganz offenkundig der Fall: Zwei Mal in der Woche findet die Lernbegleitung vor Ort statt – in den Räumlichkeiten des Grätzl-Zentrums Bassena 10, im „ergatterten" Gemeinschaftsraum in der Ankerbrot-Siedlung sowie im Grätzl-Zentrum Wienerberg des Karl-Wrba-Hofs. In erster Linie geht es bei der Lernbegleitung darum, Kinder, die sich in der Schule etwas schwerer tun, zu unterstützen. Das betreffe „bei Weitem nicht nur ausländische Kinder", weiß Karl Lauermann. Adelheid Feigl sieht ihre Aufgabe als Lernbegleiterin vor allem darin, „die Kinder über Spiele und gedanklichen Austausch zum Lernen zu animieren". Es sei „nicht immer so leicht, vor allem die Kleinen bei der Stange zu halten", bemerkt Karl und Elisabeth Grieszbach räumt ein, dass „Lob sehr wichtig" sei, vor allem dann, wenn die

Kinder „schon am Verzweifeln" wären. Ihre Schwester Adelheid erklärt, dass nicht nur der Lernstoff, sondern vor allem das Reden und Erzählen von großer Bedeutung seien: „Die Sprache und ihr Gebrauch müssen auch gepflegt werden."

Dem kann Hans Böhm nur beipflichten. Als er mitbekommen habe, dass zwei „seiner Kinder" drei Sprachen sprechen, habe er sie dazu ermuntert, den Gebrauch aller drei Sprachen zu „pflegen": Zu Hause sollten sie mit ihren Eltern Türkisch sprechen, bei der Lernbegleitung ausschließlich Deutsch beziehungsweise Wienerisch. Und der ersten Fremdsprache in der Schule, dem Englischen, fügte er in Form von Kinderliedern eine weitere, das Französische, hinzu. Mittlerweile würden die beiden den musischen Zweig einer Mittelschule besuchen, inspiriert vielleicht von dem französischen Kinderlied *Frère Jacques / Bruder Jakob*, das ihnen damals so gut gefallen habe.

Olga Burian schildert, wie ein gewöhnlicher Nachmittag bei der Lernbegleitung aussieht: Wenn die zwei Schwestern, die sie begleitet, an einem der zwei Nachmittage kommen, würden sie zuerst die Deutsch-Hausübung erledigen. „Sie maunzen zwar, aber bei mir ist das so." Nachdem die Schulaufgabe erledigt sei, würden sie zusammen Memory spielen, „als Belohnung". Die meisten Kinder freue es, wenn zwischendurch Lernspiele auf dem Programm stünden, bestätigt Doris Winkler. „Das geht jetzt einfacher, weil wir nun weniger Kinder haben", ergänzt Siegfried Kaiser.

Die Kinder kommen an zwei Nachmittagen, am Dienstag und am Donnerstag, zur Lernbegleitung. „Es sollten sich mehr Leute für die Lernbegleitung interessieren", sagt Karl Lauermann. Eine Ausbildung als Lehrer oder Lehrerin sei nicht notwendig und überhaupt könne man auch von den Kindern sehr viel lernen.

FÜRS LEBEN LERNEN

Die Ausbildung zum Lernbegleiter, die Karl damals angeboten wurde und die er eher zufällig absolviert hat, war ebenfalls keine Verpflichtung, sondern ein Angebot von wohnpartner. „Da haben wir auch ein Zertifikat bekommen", erzählt Beatrix Mikes. Ihr Mann und Karl hätten den ersten Kurs besucht, sie und eine Kollegin den zweiten. Heute gebe es

diese Kurse nicht mehr. Damals sei das über die Volkshochschule gelaufen, wobei das Ziel darin bestanden habe, Anregungen zu geben, wie man mit den Kindern arbeiten könne. Dass Bewegung zwischendurch wichtig sei, wurde ebenso vermittelt, wie auf die unterschiedlichen Lerntypen hingewiesen wurde. Es mache einen Unterschied, ob die Kinder eher visuell, auditiv, kommunikativ oder haptisch veranlagt seien, meint Karl und fügt hinzu: „Prinzipiell ging es darum, wie wir einen Zugang zu den Kindern finden." Beatrix und Karl sind sich darüber einig, dass die Kurse „eine große Hilfe" gewesen seien, da man auf neue Ideen gekommen sei. „Nicht alles ist eins zu eins umsetzbar gewesen, aber man hat sich vieles herausnehmen und adaptieren können", meint Beatrix.

Gelernt hätten alle viel in ihrer jahrelangen Praxis als Lernbegleiter*innen, auch von den Kindern. „Das soziale Verhalten der Kinder ist ausgeprägter als bei Leuten von unserer Herkunft", diesen Eindruck habe er immer wieder, erzählt Karl. Und Beatrix meint, dass es ausgesprochen interessant sei zu schauen, wie Kinder von Kindern lernen und wie Kinder miteinander umgehen: „Wir haben einmal ein Jahr gehabt, da hat-

In erster Linie geht es bei der angebotenen
Lernbegleitung darum, Kinder, die sich in der Schule
etwas schwerer tun, zu unterstützen.

> Ich finde, dass wir ihnen etwas fürs Leben mitgeben, auch unseren Zusammenhalt. Die Kinder sehen, dass wir ein Miteinander haben.

ten wir ein relativ großes Problemkind, das sehr schwierig zu bändigen war. Wenn mein Mann oder ich das Kind ermahnt haben, da sind die Kinder ganz ruhig geworden und haben zu ihm gesagt: ‚Du kannst nicht schimpfen, sag das bitte anders.' Das war sehr beeindruckend zuzuschauen, wie die Kinder dann alle zusammengehalten und versucht haben, ihm zu erklären, dass er das so nicht machen soll, sondern anders."

„Ich habe meinen Schützlingen das Grüßen gelernt", wirft Adelheid Feigl ein und alle lachen: Ja, das hätten sie auch. Zur Lernbegleitung zu kommen und „Guten Tag" zu sagen sei keine Selbstverständlichkeit gewesen. „In der ersten Zeit hatten wir die Lernbegleitung von 16:00 bis 18:00 Uhr – und wenn sie wirklich gegrüßt haben, haben sie gesagt: ‚Guten Morgen.' Sag ich: ‚Ja bist du denn jetzt erst aufgestanden?!'" – „Wir legen da schon Wert aufs Grüßen", meint Olga Burian und Michaela Zöchling ergänzt: „Ich finde, dass wir ihnen etwas fürs Leben mitgeben, auch unseren Zusammenhalt. Die Kinder sehen, dass wir ein Miteinander haben." – „Wir fragen uns untereinander, wenn einmal etwas unklar ist", erzählt Adelheid. Das Aufeinander-Zugehen sei immens wichtig bei der

Lernbegleitung. „Wir sind nicht umsonst. Wir werden schon gebraucht", stellt Olga fest und berichtet, wie eine Schülerin einmal zu ihr gesagt habe: „Du bist schon alt" und sie darauf nur mit den Schultern gezuckt habe: „Na und?"

Das Alter würde die Kinder immer wieder beschäftigen, weiß Karl Lauermann. „Das Schönste ist, wenn man zu einem Achtjährigen ‚Oida' sagen kann", sagt Siegfried Kaiser und lacht. Neben dem Alter seien auch religiöse und andere gesellschaftliche Themen für die Kinder interessant. Wenn sie zum Beispiel für die Schule einen Aufsatz über das christliche Osterfest schreiben müssten, in ihrer Familie aber keine Ostern gefeiert würden, ergäben sich aufschlussreiche Gespräche über verschiedene Traditionen. „Ich erkläre ihnen dann, was Ostern ist, und frage auch nach ihren muslimischen Festen", erzählt Adelheid.

Die Lockdowns während der Coronapandemie seien für alle eine große Herausforderung gewesen. „Wir hoffen inständig, dass das nicht mehr kommt", seufzt Beatrix Mikes und schildert, wie mühsam es gewesen sei, die fotografierten Hausübungen über SMS, Whatsapp oder Telefon zu besprechen, „manchmal sogar um zehn Uhr abends". In dieser Zeit habe man auch Einblicke erhalten, wie die Kinder wirklich wohnten. Kaum jemand verfüge über einen eigenen, ruhigen Raum zum Lernen, berichtet Karl und Michaela ergänzt: „Deshalb freuen sich die Kinder, wenn sie zur Lernbegleitung kommen können", da hätten sie mehr Platz und vor allem Ruhe.

Über die – coronabedingte – längere Unterbrechung der Lernbegleitung im Grätzl-Zentrum Bassena 10 sagt Hans Böhm: „Die Kinder werden größer, die Lernbegleiter werden älter." Beim letzten Nachmittag vor dem ersten Lockdown seien sieben Kinder aus verschiedenen Nationen da gewesen. Plötzlich seien sie entsetzt aufgesprungen und hätten gerufen: „Du musst sterben!" Über die mediale Berichterstattung war ihnen klar geworden, dass ihr Lernbegleiter wegen seines Alters zu einer der Risikogruppen zählte. Er habe ihnen daraufhin erklärt, dass sie recht hätten, dass alle Menschen und Tiere einmal sterben müssten. „Aber jetzt habe ich keine Lust, wegen dieser Radiomeldung zu sterben."

„DA WEISS MAN, DASS MAN AM RICHTIGEN WEG IST"

Der Kontakt zwischen den Schulkindern und den Erwachsenen, die sich bei der Lernbegleitung engagieren, geht über eine reine Zweckgemeinschaft hinaus. Während der Treffen, die zwei Mal in der Woche für je zwei Stunden stattfinden, teilen sie mehr miteinander als lediglich den Stoff für eine Schularbeit oder die Lösung einer kniffeligen Rechenaufgabe. Sie erfahren von schwierigen Lebenslagen, in denen sich die einen oder die anderen befinden, sprechen über die großen Fragen des Lebens und lernen, über Alters- und Herkunftsgrenzen hinaus miteinander umzugehen.

Auch der Kontakt mit den Eltern sei wichtig, betont Olga Burian. Im ersten Jahr würden die Kinder noch von der Lernbegleitung abgeholt werden, da ergebe sich

Während der Treffen, die zwei Mal in der Woche für je zwei Stunden stattfinden, teilen sie mehr miteinander als lediglich den Stoff für eine Schularbeit oder die Lösung einer kniffeligen Rechenaufgabe. Sie erfahren von schwierigen Lebenslagen, in denen sich die einen oder die anderen befinden, sprechen über die großen Fragen des Lebens und lernen, über Alters- und Herkunftsgrenzen hinaus miteinander umzugehen.

das Plaudern ganz von selbst. Bei sprachlichen Barrieren würden die Kinder als Dolmetscher*innen einspringen. Generell klappe es bei manchen sehr gut, da seien die Eltern sehr interessiert. „Es gibt Eltern, die wirklich mitarbeiten", bestätigt Karl Lauermann.

Über Erfolge, die sich mit der gemeinsam verbrachten Zeit einstellen, freuen sich alle. Adelheid Feigl berichtet von einem Mädchen mit türkischer Erstsprache, das sie von ihrem ersten Lernbegleiterinnen-Jahr an von der ersten bis zur vierten Klasse betreut hat. Einmal sei die Lehrerin zu ihr gekommen und habe gesagt: „Wenn du nicht wärst, sie wäre nie aufgestiegen, weil in der ersten Klasse ist sie nur dagesessen und hat nichts geredet, sie war stumm." – „Vor Kurzem habe ich dieses Mädchen wieder getroffen", sagt Adelheid, „sie studiert jetzt. Ich bin so stolz auf sie."

Adelheids Schwester Elisabeth Grieszbach berichtet von einem Buben, der sehr schwierig war, ein richtiger „Zappelphilipp" sei das gewesen. „Von der zweiten bis zur vierten Klasse war das Chaos perfekt. Bei den Aufgaben hat er immer nur gesagt: ‚Ich weiß nicht, ich kann nicht.' Irgendwie haben wir

es dann geschafft." Er sei schließlich in eine Sportschule am Laaer Berg gekommen, dort habe er dann begriffen, wie wichtig es sei, zu lernen.

„Es gibt immer sehr schöne Überraschungen", meint auch Siegfried Kaiser. „Ich hab ein Kind gehabt, da war das Lesenlernen besonders schwierig." Das Mädchen, dessen Familie von Tschetschenien nach Österreich gekommen sei, habe nur sehr langsam buchstabieren können. „Das war echt mühsam und hat lange gedauert." Als die Coronapandemie kam, habe er das Kind eine Zeit lang nicht gesehen. „Und dann ist sie plötzlich dahergekommen und hat gesagt: ‚Ich lern jetzt das russische Alphabet, damit ich auch mittun kann.'" – „Wir haben sehr geschluckt und nur so geschaut, wie sie das jetzt macht", erzählt Beatrix Mikes von der „sehr schönen Überraschung", die sie mit Siegfried teilt: „Wir hatten ja nur die Erinnerung an die ersten zwei Jahre, die eine Katastrophe waren. Wenn sie damals gesagt hat, sie muss eine Ansage üben, konnten wir in den zwei Stunden genau ein einziges Wort üben. Zu den anderen Wörtern sind wir nicht gekommen, das hat sie nicht zusammengebracht. Jetzt liest sie super, vielleicht ein bisschen zu schnell, sie verschluckt ab und zu ein paar Buchstaben." Das russische Alphabet habe sie sich während des Lockdowns selbst beigebracht, „durchs Fernsehen", meint Siegfried. So begeistert sei sie davon gewesen, dass sie es ihnen aufgeschrieben habe.

Vor allem zu Beatrix, die im Gegensatz zu Siegfried in der Ankerbrot-Siedlung wohnt, kämen immer wieder Kinder, die bereits in die Hauptschule oder aufs Gymnasium gehen: „Sie sagen: ‚Das war schön, du hast uns so geholfen.' Das kommt immer wieder vor."

Davon, dass sich ehemalige Schüler*innen auch Jahre später noch für die Lernbegleitung bedanken, weiß auch Karl Lauermann zu berichten. Er erzählt von einem Schüler, mit dem er an den Vorbereitungen für eine Schularbeit gearbeitet habe. Als das Ergebnis der Schularbeit vorlag, sei er zu ihm gekommen und habe ihn raten lassen, welche Note er bekommen habe: „Was glaubst du, hab ich geschrieben?' Sag ich: ‚Na ja, ein Vierer wird es schon geworden sein ...' Sagt er: ‚Nein, nein, besser!' ‚Hast du einen Dreier gekriegt? Das ist ja super!' Und er: ‚Nein! Noch besser!' ‚Was? Einen Zweier?' ‚Ja, aber ich bin unglücklich.' ‚Warum?' ‚Ich

hätt' einen Einser haben können.'" Die Kinder zu motivieren sei eine positive Seite an seiner Tätigkeit als Lernbetreuer. Die andere zeige sich darin, dass „Kinder, die ich schon vor vielen Jahre hatte, immer noch zu mir kommen und sich bedanken. Das ist schon toll. Da weiß man, dass man am richtigen Weg ist."

MIT OFFENEN AUGEN UND WEITEN HERZEN

Nicht alle Frauen und Männer, die bei der Lernbegleitung im zehnten Bezirk aktiv sind, wohnen in einem Gemeindebau. Karl Lauermann etwa lebt in einer Siedlung im zwölften Bezirk, in der die Grundstücke und Häuser nur an Familienmitglieder weitergegeben werden. „Es gibt keine Ausländer, aber das macht die Nachbarschaft auch nicht automatisch besser." Zu seinem Einsatzort im Grätzl-Zentrum im Karl-Wrba-Hof fährt er zwei Mal in der Woche.

Der Karl-Wrba-Hof liegt zwischen der Sahulkastraße, der Neilreichgasse und der Sibeliusstraße. Im Volksmund werden die Häuser auch die Senfbauten genannt, wohl wegen der Farbe ihrer Fassaden. Die Anlage erstreckt sich in ihrer rechteckigen und würfelförmigen Struktur stufenweise über einen Hang und liegt ähnlich wie die Per-Albin-Hansson-Siedlung mit Blickrichtung zum südlichen Wiener Becken, unmittelbar am Naherholungsgebiet Wienerberg mit dem bekannten Wienerbergsee. Errichtet wurde die Wohnhausanlage, in der rund 3.000 Menschen leben, zwischen 1972 und 1982 als ein städtisches Großbauprojekt, in dem nicht nur knapp zwei Prozent der Favoritner Bevölkerung, sondern außerdem eine Volksschule, zwei Kindertagesheime, ein Pensionist*innenklub sowie zahlreiche weitere soziale Einrichtungen, medizinische Ordinationen und Einkaufsmöglichkeiten untergebracht sind. Auf dem Grundstück, auf dem die Anlage errichtet wurde, hatte sich zuvor eine Kleingartensiedlung befunden. Ihr Namensgeber Karl Wrba war gelernter Mechaniker und Betriebsrat in einem Metallwerk. Er arbeitete unter anderem als Straßenbahnschaffner und als Personalvertreter im Betriebsbahnhof Favoriten. Unmittelbar nach dem Zweiten Weltkrieg war er Gemeinderat und Stellvertreter der Bezirksvorstehung, der er schließlich zwanzig Jahre lang vorsaß.

Die Gebäude des Karl-Wrba-Hofs sind bis zu acht Stockwerke hoch und durch ein feingliedriges System von Höfen, Durchgängen und Reihenhäusern miteinander verbunden. Charakteristisch für die große Wohnhausanlage sind – neben den beigen Fassaden – die Terrassen und Loggien, die von den Wohnungen auf die Grünflächen in den Höfen hinausgehen.

Gabriele Beroun, die seit zwölf Jahren im Gemeindebau wohnt, beobachtet ein ständiges Kommen und Gehen. Es gebe viele Nationalitäten, viele, die ein-, viele, die ausziehen, und leider auch viele, die sterben. Olga Burian hat 55 Jahre lang Erfahrung mit Nachbarschaft im Gemeindebau. Der Kontakt zu ihren direkten Nachbar*innen sei stets sehr gut gewesen, sich gegenseitig zu unterstützen und im Notfall mit Lebensmitteln auszuhelfen, selbstverständlich. „Es ist immer was los", sagt sie schmunzelnd. Mit zunehmendem Alter allerdings benötige sie mehr Ruhe als früher.

Für Elisabeth Grieszbach ist es von größter Bedeutung, aufeinander Rücksicht zu nehmen und Verständnis füreinander aufzubringen. In dem Genossenschaftsbau, in dem sie wohnt, funktioniere das prima,

„

Sie sagen: „Das war schön, du hast uns so geholfen." Das kommt immer wieder vor.

es gebe immer wieder Feste, an denen alle Parteien teilnähmen. Für ihre Schwester Adelheid Feigl sei es einfacher, Kontakte zu den Bewohner*innen einer nahe gelegenen Kleingartensiedlung zu knüpfen, als in dem Gemeindebau, in dem sie seit über vierzig Jahren lebt. Es handle sich um kleine Tauschgeschäfte, die zu einem regeren Kontakt führten.

Ob sie nun in einer Siedlung, in einem Genossenschaftsbau oder in einer der großen Wohnhausanlagen leben: Die Frauen und Männer, die bei der Lernbegleitung im zehnten Wiener Gemeindebezirk tätig sind, teilen die vielfältigen Erfahrungen, die sie mit den jungen Bewohner*innen der Gemeindebauten machen. Sie feiern mit ihnen die Erfolge, die sich manchmal nicht sofort, sondern erst im Laufe von Jahren einstellen; sie arbeiten gemeinsam an den Lösungen komplexer Aufgaben – des Zusammenlebens und der Kommunikation ebenso wie der Mathematik, der deutschen oder der englischen Sprache; sie erleben, wie es sich bei der Weitergabe von Wissen und von Erfahrung selbst lernen lässt: mit offenen Augen und weiten Herzen.

Die Frauen und Männer, die bei der Lernbegleitung im zehnten Wiener Gemeindebezirk tätig sind, erleben, wie es sich bei der Weitergabe von Wissen und von Erfahrung selbst lernen lässt: mit offenen Augen und weiten Herzen.

„Geschichten, die das Leben schreibt"

DER 1. WIENER GEMEINDEBAUCHOR

„Eines muss ich auf jeden Fall erwähnen: dass ich meine Partnerin beim Wiener Gemeindebauchor – nun ja, ‚erworben‘ habe." Alle lachen herzlich, als Peter Schmid von einer seiner schönsten Erfahrungen beim 1. Wiener Gemeindebauchor erzählt. „Es hat nur etwas gedauert, weil sie in einem anderen Bezirk geprobt hat. Ich war damals im 22., lustigerweise in der Viktor-Kaplan-Straße. In genau diesem Lokal, in dem wir geprobt haben, hatte ich mit einer meiner vorherigen Partnerinnen ein Kosmetik- und Massagegeschäft. Dort, wo ich früher gearbeitet und massiert habe, habe ich dann gesungen. Ich war ganz von den Socken, als ich das gemerkt habe. Das kann man sich gar nicht ausdenken."

Peter singt seit ungefähr acht Jahren im 1. Wiener Gemeindebauchor. Ein Freund, der zuvor schon in einem Kirchenchor gesungen hatte, überredete ihn, es einmal mit einem Chor zu versuchen. „Wir waren damals viel mehr Männer", erzählt Peter, heute seien sie nur noch zu zweit. „Wir sind ständig auf der Suche nach männlichen Stimmen." Insgesamt sind an die siebzig Menschen aktiv am 1. Wiener Gemeindebauchor beteiligt. Die Gründe, warum sie sich entschieden haben, gemeinsam zu singen und aufzutreten, sind ebenso vielfältig, spannend und bewegend wie die Geschichte des Chors selbst. Insgesamt sind an die siebzig Menschen aktiv am 1. Wiener Gemeindebauchor beteiligt. Die Gründe, warum sie sich entschieden haben, gemeinsam zu singen und aufzutreten, sind ebenso vielfältig, spannend und bewegend wie die Geschichte des Chors selbst.

„VIELE STIMMEN SIND STÄRKER"

Die Leiterin des wohnpartner-Gebiets im 22. Bezirk Snježana Čalija, Gründerin und „Chor-Mama", wie sie sich selbst bezeichnet, erzählt, wie alles begonnen hat. „Den Chor gibt es länger als die Einrichtung wohnpartner. 2008 wurde er von der Gebietsbetreuung Donaustadt gegründet." Wichtig sei ihr gewesen, Leute bei etwas zusammenzubringen, das sie gerne tun. Sie hat die Menschen in der Nachbarschaft angesprochen, Zettel in den Stiegenhäusern der Wohnhausanlagen aufgehängt und Inserate in den Lokalzeitungen geschaltet. Den Chorleiter Martin Strommer hat sie über einen Mitarbeiter, der auch Sänger war, gefunden. So seien zunächst Nana, wie Snježana Čalija von allen genannt wird, und Martin, schließlich auch der Chor und Martin zusammengekommen: „Seit vierzehn Jahren sind wir zusammen. Ich begleite den Chor mit Liebe und Herzblut."

Die allererste Probe fand im Oktober 2008 nicht in einem Proberaum, sondern im Büro der Gebietsbetreuung statt. Gesungen wurde, was alle kannten: das Weihnachtslied *Oh Tannenbaum*. „Die erste Chorprobe war fantastisch", erzählt Nana. Allerdings habe sie sich angesichts der damals circa zwanzig Menschen, die sich zum ersten Mal singend in den Büroräumlichkeiten versammelt hatten, auch gedacht: „Oh mein Gott, was habe ich da gemacht?!"

„

Seit vierzehn Jahren sind wir zusammen. Ich begleite den Chor mit Liebe und Herzblut.

Bei der allerersten Probe war Theresia Sharma noch nicht dabei, dafür aber schon bei der zweiten. Zuerst habe sie im Internet nach einem passenden Chor gesucht. Fünf waren bereits in der engeren Auswahl, als sie ihr Vorhaben wieder ad acta legte. Einige Zeit später stieß sie zufällig auf eines von Snježana Čalijas Inseraten in der Bezirkszeitung. „Das ist direkt in meiner Nähe, ideal", dachte sie und ging gleich zur nächsten Probe in die Erzherzog-Karl-Straße im 22. Bezirk. Es sei Martin Strommers Verdienst, dass sie so weit gekommen seien, „dass wir uns nicht schämen müssen, wenn wir singen".

So herzlich sei sie im Chor aufgenommen worden, schwärmt Gerlinde Ilc. Seit 54 Jahren lebt sie in der Per-Albin-Hansson-Siedlung im zehnten Wiener Gemeindebezirk. Dort sei die Bassena 10, das Grätzl-Zentrum, ihr „Fixpunkt" gewesen. Regelmäßig habe sie an den Kursen teilgenommen, unter anderem an einem Englisch-Kurs. „Eine wunderbare Gruppe" seien sie damals gewesen. Eine Kollegin habe sie angesprochen, ob sie nicht zu einem Chor gehen wolle. Nach den Weihnachtsfeiertagen sei es schließlich so weit gewesen: Sie hat an ihrer ersten Probe mit dem Wiener Gemeindebauchor teilge-

nommen. Zuerst habe sie sich Gedanken darüber gemacht, ob es ein Problem sei, dass sie keine Noten lesen könne. Diese Unsicherheit wurde schnell ausgeräumt. Beim gemeinsamen Singen habe sie gesehen, dass das mit dem Notenlesen gar nicht so kompliziert sei: „Kugerl oben, Kugerl unten, kein Problem." Sie strahlt: Viele Freundschaften habe sie beim Chor geschlossen. „Wir gehen so gerne hin, weil eben auch diese Impulse und diese Energie von dort kommen. Chor-Kolleginnen, die persönliche Probleme haben, sagen: ‚Ich bin so dankbar, dass ich dorthin gehen kann, das baut mich wieder auf.' Wir hoffen, dass das noch sehr lange dauert mit dem Chor. Alle, die ich kenne, gehen mit Begeisterung hin."

„Es ist eine Gemeinschaft. Es macht uns Freude, es macht uns Spaß", meint auch Eva-Maria Lusczak. Als Chor-Sängerin hat sie gemeinsam mit einer Freundin im Robert-Erber-Hof im zweiten Bezirk begonnen. Allerdings seien sie damals nicht so viele Leute gewesen, also hat Chorleiter Martin

Eine Kollegin habe sie angesprochen, ob sie nicht zu einem Chor gehen wolle. Nach den Weihnachtsfeiertagen sei es schließlich so weit gewesen: Sie hat an ihrer ersten Probe mit dem Wiener Gemeindebauchor teilgenommen. Zuerst habe sie sich Gedanken darüber gemacht, ob es ein Problem sei, dass sie keine Noten lesen könne. Diese Unsicherheit wurde schnell ausgeräumt.

"

Ein Chor bringt Leute zusammen, viele Stimmen und ein gemeinsamer Klang sind stärker als eine einzige Stimme.

vorgeschlagen, es im zehnten oder im 22. Bezirk zu versuchen. „Es ist dann der 22. geworden. Wir wurden dort aufgenommen wie ein Familienmitglied." Martin Strommer selbst ist in Essling, im 22. Bezirk, aufgewachsen. An der mdw, der Universität für Musik und darstellende Kunst Wien, hat er Orgel sowie Instrumental- und Gesangspädagogik studiert. Vom Instrument sei er schließlich „auf den Chor gekommen", er lächelt. Im Laufe der Jahre hab er zahlreiche Erfahrungen mit ganz unterschiedlichen Chören und Gesangsvereinen gesammelt, im Moment unterrichte er auch vormittags an einer Grundschule Chorgesang. Der 1. Wiener Gemeindebauchor sei schon eine Herausforderung gewesen, „ein Chor, der sich aus dem Nichts gebildet hat. Großteils haben Menschen teilgenommen, die noch nie in einem Chor gesungen haben."

Snježana Čalija, Martin Strommer und all die Chor-Sänger*innen haben die Herausforderung angenommen und sich ihr

in einem Ausmaß gewachsen gezeigt, von dem zu Beginn nur zu träumen war. Nanas Augen glänzen, als sie sich daran erinnert, wie ihr die Idee mit dem 1. Wiener Gemeindebauchor gekommen ist. Es habe auch damals schon immer wieder Konflikte wegen Lärmbelästigung geben. „Es ging darum, wann Musik als Musik und wann Musik als Lärm wahrgenommen wird." Das Singen und Musizieren in Wohnräumen habe regelmäßig zu Beschwerden geführt. „Und da habe ich mir gedacht: Ein Chor hat eine große Funktion, nicht nur in der Nachbarschaft, sondern auch in der Gesellschaft allgemein. Ein Chor bringt Leute zusammen, viele Stimmen und ein gemeinsamer Klang sind stärker als eine einzige Stimme. Also habe ich mir gedacht: Okay, versuchen wir es mit einem Chor."

Seitdem ist viel passiert. Der Chor hat im Laufe seines vierzehnjährigen Bestehens nicht nur zahlreiche organisatorische und musikalische Hürden genommen, sondern ist auch viel herumgekommen: sowohl geografisch – innerhalb der Stadt Wien sowie in Europa – als auch künstlerisch, in Form von zahlreichen genre- und generationsübergreifenden Kooperationen mit anderen Musiker*innen.

Insgesamt sind an die siebzig Menschen aktiv am 1. Wiener Gemeindebauchor beteiligt. Die Gründe, warum sie sich entschieden haben, gemeinsam zu singen und aufzutreten, sind ebenso vielfältig, spannend und bewegend wie die Geschichte des Chors selbst.

„EINE RICHTIGE INSTITUTION"

Das Büro der Gebietsbetreuung Donaustadt, das 2010 ein wohnpartner-Lokal wurde, bildete den Ausgangspunkt zu einer wienweiten Chor-Initiative. Also wurde auch Ausschau nach anderen Lokalitäten in anderen Bezirken gehalten. Einige Jahre wurde noch in der Viktor-Kaplan-Straße – im ehemaligen Kosmetik- und Massagegeschäft von Peter Schmid – geprobt, von 2012 bis vor Kurzem zusätzlich im wohnpartner-Lokal in der Per-Albin-Hansson-Siedlung, das früher einmal eine Apotheke gewesen war, beziehungsweise vorübergehend auch im zweiten Bezirk in der Engerthstraße. Vor der Coronapandemie war das wohnpartner-Lokal am Kriemhildplatz im fünfzehnten Bezirk ein wöchentlicher Treffpunkt für die Sänger*innen. Geblieben ist der Proberaum im Klub KW, dem Jugendzentrum des Karl-Wrba-Hofs. Während Corona dazugekommen ist, anstelle des wohnpartner-Lokals in der Viktor-Kaplan-Straße, eine Kirche am Kagraner Anger im 22. Bezirk. Diese biete, erklärt Martin Strommer, die geeigneten Voraussetzungen für Proben mit genügend Abstand.

Dass der 1. Wiener Gemeindebauchor Corona bislang überstanden hat, liege daran, dass seine Mitglieder auf sehr schöne Art und Weise aufeinander Rücksicht nehmen und einander ihre Wertschätzung zeigen. Snježana Čalija ist sichtlich stolz auf „ihren" Chor. Erstens seien die Sänger*innen untereinander gut vernetzt, es gebe eine Whatsapp-Gruppe, über die alles Mögliche ausgetauscht und regelmäßig Verabredungen getroffen würden. Zweitens hätten sich alle bemüht, an „sicheren Orten" und, wenn irgendwie möglich, im Freien zu proben. Drittens seien alle PCR-getestet gekommen: Der Wunsch, trotz der Pandemie gemeinsam zu singen, sei so groß gewesen, dass alle die Tests auf sich genommen hätten. „Der Zusammenhalt ist wirklich grandios", schwärmt Nana und erzählt von den vielen Freundschaften, zu denen der Chor geführt habe, von den gemeinsamen Geburtstags- und Adventsfeiern sowie von all den anderen Aktivitäten, die zu einer guten und lebendigen Nachbarschaft führen.

Der ausgezeichnete Zusammenhalt der Sänger*innen zeigt sich aber nicht nur in den privaten Zusammenkünften, sondern auch bei den Chor-Aktivitäten und -Auf-

,,

Das war für mich etwas ganz Besonderes, weil der Wiener Drei-Viertel-Takt auf den orientalischen Sieben-Achtel-Takt getroffen ist.

tritten. Der 1. Wiener Gemeindebauchor sei mittlerweile „eine richtige Institution" geworden. Snježana Čalija zählt einige Eckdaten der Chor-Biografie auf: Es habe Auftritte im Burgtheater gegeben; mit Jugendlichen hätten sie gemeinsam gerappt; zahlreiche andere Künstler*innen seien an sie herangetreten, um auf vielfältige und vielstimmige Weise zusammenzuarbeiten; etablierte Institutionen und renommierte Veranstaltungsorte hätten sie über die Stadt- und Landesgrenzen hinweg zu Auftritten eingeladen. Peter Schmid erinnert auch daran, dass der Chor seit einigen Jahren das internationale Adventsingen im Rathaus eröffnet. Wegen Corona musste dieses in den vergangenen zwei Jahren abgesagt werden. Alle wünschen sich von Herzen, dass es dieses Jahr wieder wird stattfinden können.

Ein ganz besonders Projekt waren die gemeinsamen Aufnahmen inklusive Videodreh mit den Rappern Freezy Trap und DäniX. In Zusammenarbeit mit dem Produzenten Wolfgang Schlögl, der sich als elek-

tronischer Musiker mit der Band *Sofa Surfers* international einen klingenden Namen gemacht hat, ist eine zeitgenössische Version des berühmten Wienerliedes *Oh du lieber Augustin* entstanden.

„NUR SO GEHT WOS WEIDA IN DER STADT"

Oh du lieber Augustin wird als das Wienerlied schlechthin gehandelt. Der Wiener Journalist Moritz Bermann erschuf in seinem 1868 erschienenen Buch *Alt-Wien in Geschichten und Sagen* den berühmten Dudelsackspieler, den „lieben Augustin". Verwoben wird in dieser Überlieferung einer alten Wandersage aus der Zeit der Pest ein bekanntes Volkslied mit der historischen Figur Markus Augustin, der 1643 in Wien geboren wurde, als Sackpfeifer lebte und 1705 verstarb. Während der „Schwarze Tod" in der Stadt wütete, fiel der Legende nach ein „Pfeiffer" sturzbetrunken in eine Pestgrube und erwachte, von der tödlichen Krankheit vollkommen unversehrt, aus seinem Rausch. Um die auf den Straßen herumliegenden Saufkumpane zu wecken, spielte er unausgesetzt seinen Dudelsack und sang sein eingängiges Lied. Dem Wiener Volksliedwerk zufolge ist das Volkslied *Oh du lieber Augustin* um 1785 in Wien nachgewiesen, zuvor war es bereits als Böhmisches Walzerlied weit verbreitet.

Der „liebe Augustin" und sein traurig-fröhlicher Abgesang auf das Leben sind weltberühmt. An vielen Ecken und Enden der Stadt finden sich Hinweise auf die Legende, auch die Wiener Straßenzeitung ist danach benannt. In der zeitgenössischen Version, die der 1. Wiener Gemeindebauchor gemeinsam mit den Rappern Freezy Trap und DäniX und dem Produzenten Wolfgang Schlögl aufgenommen hat, steht die Vielfalt der Stadt Wien, wie sie in den Gemeindebauten tagtäglich gelebt und praktiziert wird, im Vordergrund. Im Videoclip, der auf der Plattform Youtube abrufbar ist, spazieren die jugendlichen Rapper mit den Mitgliedern des Chors „auf die coole Tour" durch den Rabenhof. Zwischen dem bekannten Refrain, den der Chor vielstimmig intoniert, „besprechen" Freezy Trap und DäniX rhythmisch alle möglichen Facetten aus dem Leben in den über die ganze Stadt verteilten Wohnhausanlagen: vom „Raunzen" über die Wohn- und Lebensqualität bis hin zu kleinen Anekdoten, in de-

nen sich die Stärke, die durch gemeinsames Handeln entsteht, zeigt.

In einem Interview für *Wien Heute*, das auf der Plattform orf.at nachzulesen ist, meint Rapper DäniX: „Es war sehr interessant, weil viele verschiedene Generationen aufeinandergetroffen sind, es aber trotzdem eine gute, harmonische Zusammenarbeit war. Wir konnten von den älteren Leuten lernen und sie hatten auch sicher Spaß, das mit uns zusammen zu machen. Also ich hatte viel Spaß." Genauso sehen das die Mitglieder des 1. Wiener Gemeindebauchors: Die Kooperation sei toll gewesen und überaus spannend, teilweise hätte der Altersunterschied ganze siebzig Jahre betragen. In den Erzählungen spiegelt sich eine Textzeile aus dem *Oh-du-lieber-Augustin*-Rap: „Dabei müssma nur gemeinsam was machen, nur so geht wos weida in der Stadt."

„ALLES KOMMT NICHT VON ALLEINE"

Im Rabenhof im dritten Wiener Gemeindebezirk hat ein anderer Auftritt stattgefunden, den Snježana Čalija ausgesprochen be-

„

Wir haben einmal in der Woche Probe, darauf arbeitet man hin. Und dann wird man ein bisschen geschimpft, wenn man nicht geübt hat — da nehme ich mich gleich bei der Nase.

wegend gefunden hat. Mit Alp Bora, einem virtuosen Gitarristen aus der Türkei, „einer Berühmtheit", die mittlerweile verstorben ist, habe sich der Chor über die unterschiedlichen Sprachen und Rhythmen hinweg verständigt. „Das war für mich etwas ganz Besonderes, weil der Wiener Drei-Viertel-Takt auf den orientalischen Sieben-Achtel-Takt getroffen ist, das sind ganz andere Rhythmen." Außerdem hätten „eingefleischte Österreicher ein berühmtes türkisches Lied gesungen", das sei etwas gewesen, in dem die Vielfalt und Vielstimmigkeit der Stadt und ihrer Bewohner*innen angeklungen sei.

Ein besonderes Merkmal sei die Leidenschaft, die sich im Zusammenhalt und in der Arbeit des Chors zeige. Das sei ein wesentlicher Unterschied zu professionellen Chören, die abgeklärter an die Sache herangingen. „Wir zahlen auch keinen Chor-Beitrag", sagt Gerlinde Ilc, „wir haben die Chance, uns selbst und anderen eine Freude zu machen" – ohne finanzielle Barrieren. Was die Mitglieder des Chors am Singen reizt, hat viel mit dieser Leidenschaft zu tun. „Es befreit, es macht gute Laune", schwärmt Eva-Maria Lusczak. „Es befreit manchmal auch

von Sorgen", ergänzt Gerlinde. „Der Alltag ist ein bisserl verzuckert. Das ist ein Ziel, ein Fixpunkt. Wir haben einmal in der Woche Probe, darauf arbeitet man hin. Und dann wird man ein bisschen geschimpft, wenn man nicht geübt hat – da nehme ich mich gleich bei der Nase", sagt Peter Schmid lachend.

Die Überwindung, mit vielen anderen Menschen gemeinsam zu singen, sei nicht so groß gewesen. Das habe sie auch gewundert, erzählt Gerlinde: „Ich hab überhaupt keine Angst gehabt, gar nichts. Das war wahrscheinlich diese Rückenstärkung vom gesamten Chor. Den Zusammenhalt, den hat man gespürt. Und ich glaube, das macht schon sehr viel aus." Mit einem bewundernden Seitenblick zu ihrer Kollegin fügt sie hinzu: „Stimmlich könnte ich so etwas wie unsere liebe Eva-Maria nicht schaffen. Ich kann nur im Chor singen. Ich bin eine Mitsängerin, sozusagen." – „Aber auch Stimmführerin", wirft Peter ein, „du bist eine wichtige Stimme." Alle bekräftigen Peters Einwand. Gerlinde lacht und bedankt sich: „Es motiviert einen. Man probt zu Hause – dank Theresia kriegen wir immer die Aufnahmen. Wenn wir neue Lieder haben, schickt sie uns das, was uns der Martin vorgesungen hat. Da können wir dann wunderbar hineinhören. Das finde ich so toll."

„Das ist auch Arbeit", meint Peter in Richtung Chorleiter. „Ich singe zwar gerne, aber ich könnte das jetzt nicht nach den Noten lernen", erzählt Theresia Sharma, „und darum ist es für mich so wichtig, wenn uns der Martin das vorsingt, damit wir das einfach anhören und nachsingen können. Und weil ich es für mich brauche, habe ich mir gedacht, vielleicht können es die anderen auch brauchen." Alle Stimmlagen werden einzeln von Martin Strommer eingesungen und über Whatsapp oder per E-Mail verschickt „Jeder nimmt sich dann das raus, was er braucht", weiß Peter.

Als Amateur*innen lieben die Chor-Sänger*innen das, was sie tun. Im leider oft abwertend verwendeten Ausdruck „Amateur" steckt das lateinische „amāre", das so viel wie „lieben; Gefallen an etwas finden" bedeutet. Auch wenn die Proben nicht „immer perfekt" seien, wie Peter es schmunzelnd formuliert, liefen alle bei den Auftritten zur Höchstform auf. „Wir wachsen über uns selbst hinaus." Die viele Arbeit, die dahintersteckt, ist für das Publikum nicht sichtbar. „Alles kommt nicht von alleine", betont Snježana Čalija und lenkt das Augenmerk darauf, wie viel Initiative und Engagement von allen Beteiligten notwendig ist, um Neues auszuprobieren und „einfach mitzugehen". „Darum schätze ich die Zeit, die jeder investiert, ich schätze die Arbeit von Martin wirklich unglaublich, ohne ihn gäbe es keinen 1. Wiener Gemeindebauchor."

Manchmal sei er vielleicht etwas zu streng, räumt Martin Strommer ein, wobei Gerlinde ihn daran erinnert, dass er sie „schon auch" lobe. Die Herausforderung für ihn als Chorleiter bestehe unter anderem darin, geeignete Stücke zu finden und zu arrangieren. Einerseits müsse es „vom Schwierigkeitsgrad her machbar" sein, das Stück zu singen. Andererseits habe der Chor sehr unterschiedliche Auftritte, oft auch im Freien, in Hof-Situationen, in denen etwas Ruhigeres nicht so passend sei, „es soll ja auch einem Publikum auf der Wiese gefallen". Das Repertoire des 1. Wiener Gemeindebauchors reicht vom Weihnachtsprogramm für die Adventveranstaltungen über ein ABBA-Medley und Arbeiterlieder bis hin zu österreichischen und afrikanischen Volksliedern.

„EIN BLUMENSTRAUSS AN STIMMEN"

„Ich hoffe, der Chor besteht die nächsten hundert Jahre", Snježana Čalija schwärmt davon, wie harmonisch sich die Zusammenarbeit gestalte. Das gilt für die musikalische Ebene genauso wie für die nachbarschaftliche. „Wir halten auch den Kontakt zu den Leuten, die aus gesundheitlichen Gründen nicht mehr beim Chor sein können", erzählt Theresia Sharma. Im Laufe der Jahre haben sich viele schöne Erlebnisse angesammelt, zu denen besondere Auftritte und gemeinsame Reisen ebenso zählen wie die Liebesgeschichte, die im Proberaum, im ehemaligen Kosmetik- und Massagegeschäft in der Viktor-Kaplan-Straße, ihren Ausgang genommen hat.

Welche der Chorreisen für sie die schönste war, könne sie gar nicht so einfach sagen, meint Gerlinde Ilc: „Eine der ganz besonderen war auf alle Fälle die an den Gardasee. Wir durften mit dem ganzen Chor in Verona, in der Arena, dem antiken römischen Amphitheater, singen. Und was glauben Sie, haben wir gesungen?" Nach wenigen Sekunden lüftet sie das Geheimnis: *Leise rieselt der Schnee.* Es war so erhebend. Zufälligerweise war auf der anderen Seite auch ein Chor. Als wir aufgehört haben zu singen, haben die anderen begonnen. Wir haben einander abgewechselt. Also das war für mich etwas ganz Besonderes." Aber auch die anderen Chorreisen seien für sie sehr schön gewesen, auch die kleineren Auftritte. „Ich gehe immer mit großer Freude hin. Und ich merke es auch bei den Kolleg*innen, durch die Bank. Es ist immer wieder wunderschön. Es geht in die Tiefe."

Theresia Sharma erzählt von der Reise nach Sankt Michael, einem Dorf im Salzburger Lungau. „Es war sehr anstrengend, aber auch so überwältigend." Sie erinnert sich an die Bergmesse, bei der sie dort gesungen haben, oben am Speiereck, einem über 2.400 Meter hohen Berg in den Radstädter Tauern.

Im Laufe der Jahre haben sich viele schöne Erlebnisse angesammelt, zu denen besondere Auftritte und gemeinsame Reisen ebenso zählen wie die Liebesgeschichte, die im Proberaum, im ehemaligen Kosmetik- und Massagegeschäft in der Viktor-Kaplan-Straße, ihren Ausgang genommen hat.

„Da waren alle Chöre, die in Sankt Michael am Tag zuvor aufgetreten sind, da krieg ich gleich wieder eine Gänsehaut, das war wirklich sehr beeindruckend." Von den Liedern, die der Chor bislang gemeinsam einstudiert hat, wird auch sie eines „nie vergessen": „Ich glaube, das war 2011, als wir im Rathaus beim internationalen Adventsingen zum ersten Mal *Leise rieselt der Schnee* gesungen haben. Ich krieg schon wieder eine Gänsehaut, weil das so schön war. Das hat so schön geklungen. Die Leute waren so berührt, dass die Tränen geronnen sind ..." Gerlinde unterbricht sie: „Entschuldige, dass ich dir ins Wort falle, aber das war ja nicht das normale *Leise rieselt der Schnee,* wie wir es von unserer Kindheit an gewohnt sind. Das ist eine ganz neue Interpretation, der Martin hat das so toll gemacht. Ich glaube, jeder, der das hört, ist davon gerührt. Da rinnen regelmäßig die Tränen." Theresia ergänzt: „Da glaubt jeder, da kommt jetzt das normale *Leise rieselt der Schnee,* aber dann kommt das, da kommt so ein Blumenstrauß an Stimmen."

Die ganz besondere Version des berühmten Weihnachtsliedes kann auf der CD *Alle Jahre wieder,* die der Chor anlässlich seines zehnjährigen Bestehens aufgenommen hat, angehört werden – und hoffentlich bald wieder bei dem jährlichen internationalen Adventsingen im Rathaus. Von diesem erzählen alle immer wieder: „Das ist immer so ein Highlight gewesen, eine Ehre, das zu eröffnen", Peter Schmid seufzt, wenn er daran denkt, dass es wegen Corona nun schon zwei Jahre nicht hat stattfinden können. Ein anderes „Highlight" sei für ihn das Rap-Projekt im Rabenhof gewesen: „Das haben wir wirklich alle sehr genossen. Teilweise war es auch ein bisschen anstrengend, wir hatten zum Beispiel Studioaufnahmen in Hitzing. Da waren wir schon geschlaucht. Wir haben gesehen und erfahren, wie so etwas überhaupt entsteht, so mühevoll ..." Wie für Gerlinde habe auch für ihn „jeder Auftritt so seine Besonderheiten". Und von den Chorreisen schwärmt er genauso wie seine Chor-Kolleg*innen: „Wir waren am Gardasee, in Krakau, in Budapest, in Prag ..."

Die Reise nach Sankt Michael, zum internationalen Chorfestival *Feuer und Stimme,* von der auch Eva-Maria Lusczak mit großer Begeisterung berichtet – „vielleicht, weil es die erste war. Aber da wurden wir so liebevoll empfangen und dann war das mit den Fackeln am Abend, das war wirklich wunder-

„

Von allen Geschichten interessierten sie am meisten jene, „die das Leben schreibt".

schön" –, unterscheidet sich von den anderen, wie Martin Strommer erläutert: „Diese Chorreisen sind unterschiedliche Events, das muss man sagen. Die Reise in den Lungau war von der Ankunft bis zur Abreise vom dortigen Organisator für den Chor durchgetaktet. Da gab es keine freie Minute, die Freizeit war geplant, das Essen, die Auftritte. Da gab es die Fahrt auf den Berg, den Fackelumzug mit Blasmusikkappelle und Trachten." Bei anderen Reisen stehe nur der Auftritt fest, alles andere sei „unsere Sache", von der Reiseplanung über die Suche nach passenden Unterkünften bis zur Freizeitgestaltung. „Das ist dann eher so eine individuelle Angelegenheit, aber natürlich mit einem tollen Auftritt, den man dort geboten bekommt. Und man sieht auch die Städte."

Die komplette Reiseorganisation mache der Chor gemeinsam. „Wir hatten damals noch kein Doppelzimmer", Peter zwinkert Eva-Maria zu, die – nachdem er erzählt hat, dass sein „Werben" um sie schließlich erfolgreich gewesen sei – auf die Frage nach ihren schönsten Erlebnissen beim 1. Wiener Gemeindebauchor verschmitzt antwortet: „Natürlich, dass ich meinen Partner kennen-

gelernt habe. Wenn ich das jetzt nicht sage, dann ist er ja böse." Alle lachen herzlich.

Von allen Geschichten interessierten sie am meisten jene, „die das Leben schreibt", meint Snježana Čalija. Davon gebe es in den Gemeindebauten unzählige, sowohl aus der Vergangenheit als auch in der Gegenwart. Diese Geschichten zu bewahren und sie den Bewohner*innen der Stadt zugänglich zu machen, ist eine der Aufgaben der Einrichtung wohnpartner. Wo viele unterschiedliche Menschen zusammenkommen und gemeinsam ihre Stimmen erheben, kommt es zu außergewöhnlichen Begegnungen, zu faszinierenden Geschichten. Intoniert wird die Stadt in all ihren Facetten, in ihren breiten Stimmlagen und wechselnden Rhythmen, davon können die Mitglieder des 1. Wiener Gemeindebauchors nicht nur ein Lied singen.

„Gemeinsam für eine gute Nachbarschaft"

EIN GESPRÄCH MIT WOHNPARTNER-MITARBEITER*INNEN

Die Stadt Wien verändert sich. Das macht jede Stadt und Wien ist hier keine Ausnahme. Sie hat sich immer schon verändert, denn Zeit bedeutet Wandel. Jedoch scheint dieser, wie so vieles gegenwärtig, mit einer noch größeren Geschwindigkeit vor sich zu gehen. Die Stadt wächst, neue Siedlungsgebiete, sogar ganze Stadtteile entstehen, und dies sowohl an den Rändern als auch in den zentralen Lagen. Die Stadt wächst in die Höhe. An vielen Orten, von Kagran bis Simmering, ragen neue Hochhäuser in den Himmel. Auch die Bevölkerung wächst und sie wird diverser. Wien ist eine europäische Metropole mit all den Schwierigkeiten und Vorzügen, die Städte dieser Größenordnung haben. Die Stadt hat aber zudem ihre Geschichte, ihre Traditionen und Referenzpunkte. Einer dieser Bezugspunkte ist das Rote Wien und der kommunale Wohnbau. Die Stadt ist stolz auf ihre Gemeindebauten. In den 220.000 städtischen Wohnungen leben rund 500.000 Menschen. Das ist ein Viertel der gesamten Stadtbevölkerung.

> „Die Stadt Wien bekennt sich zur sozialen Verantwortung, zu sozial durchmischten Gemeindebauten. Dafür steht auch die Einrichtung wohnpartner.

So wie in der gesamten Stadt hat sich auch in den Gemeindebauten die Struktur der Bewohneri*nnen verändert. Die Unterschiede betreffen bei Weitem nicht nur Sprache und Herkunft, es geht auch um verschiedene Berufs- und Bildungsbiografien, religiöse und kulturelle Bezugsrahmen, unterschiedliche Lebenssituationen, die Zugehörigkeit zu verschiedenen Generationen, variierende Bedürfnisse aufgrund von Alter und der gesundheitlichen Verfassung. Da Unterschiede ein höheres Ausmaß an Toleranz von allen Bewohner*innen erfordern, kann es schon mal vorkommen, dass es auf einer Stiege zu Konflikten kommt. Die Stadt Wien bekennt sich zur sozialen Verantwortung, zu sozial durchmischten Gemeindebauten. Dafür steht auch die Einrichtung wohnpartner.

WER ODER WAS IST WOHNPARTNER?

Gegründet wurde wohnpartner im Jahr 2010. Michael Ludwig, damals Wohnbaustadtrat, heute Bürgermeister, hat die Einrichtung ins Leben gerufen. Organisatorisch wurde sie der Wohnservice Wien eingegliedert, zu der auch die Mieterhilfe, eine Beratungsstelle bei Mietrechtsfragen, und die Wohnberatung, die für die Vergabe von Gemeindewohnungen und den geförderten Wohnbau zuständig ist, gehören. Wohnservice ist ein Tochterunternehmen der Stadt Wien und hat ihre Zentrale in der Guglgasse, gegenüber des Gasometers in Simmering und in Rufweite zur Hausverwaltung der Gemeindebauten Wiener Wohnen. Die Zentrale von wohnpartner ist ebenfalls dort zu finden. In diesem Bürokomplex arbeitet jedoch nur ein geringer Teil der insgesamt 160 Mitarbeiter*innen, die bei der Einrichtung beschäftigt sind. Die meisten sind vor Ort im Gemeindebau, in einem der neun Hauptlokale, in einer der elf Außenstellen oder einem der acht Grätzl-Zentren zu finden. Was die Menschen dort tun und wofür diese Einrichtung steht, wird auf Foldern oder auf der Homepage erklärt. Die Organisation engagiert sich „für die Verbesserung der Wohnqualität, die Förderung der aktiven Mitgestaltung im Wohnumfeld der Bewohner*innen und leistet professionelle Unterstützung bei Fragen des Zusammenlebens".

Um dies erfüllen zu können, wurden drei Arbeitsbereiche definiert: die Gemeinwesenarbeit, die Konfliktarbeit und die Vernetzungstätigkeit. Seit 2021 gibt es das Angebot SIBU, „Soziale Information, Beratung und Unterstützung". Dabei geht es primär um Anliegen aus den Themenbereichen Wohnen, Gesundheit, Kinder, Jugendliche und Familie, Bildung, Arbeit und Finanzen. Was es mit diesen Arbeitsbereichen auf sich hat, wie diese vielfältigen Tätigkeiten in der Praxis aussehen und welche Erfahrungen bisher gesammelt wurden, darüber soll es in diesem Beitrag gehen. Mitarbeiter*innen wurden zu einem Gespräch geladen, um aus ihrem beruflichen Alltag zu berichten, ihre spezifische Sicht auf das kommunale Wohnen darzulegen und einen etwas anderen Einblick in das Leben im Gemeindebau zu geben. Die Teilnehmer*innen der Gesprächsrunde bringen – wie die gesamte Belegschaft von wohnpartner – unterschiedliche Kenntnisse aus diversen sozialen bis kaufmännischen Berufen und Ausbildungen mit, etwa

ein Studium der Anthropologie, Soziologie, Politikwissenschaft, Philosophie oder Bildungswissenschaften, um nur einige zu nennen. Viele von ihnen sind ausgebildete Mediator*innen und haben Qualifikationen im Bereich Coaching und Beratung erworben. Die erste Frage, die den Mitarbeiter*innen gestellt wird, soll einen ersten, allgemeinen Eindruck vermitteln.

WAS GENAU MACHT EIGENTLICH WOHNPARTNER?

Cornelia Koller, die im wohnpartner-Gebiet 10 arbeitet, wagt sich als Erste an die Beantwortung der Frage. „Es ist eine vielseitige Arbeit mit einem breiten und vielfältigen Aufgabenbereich. Wir sind eine Schnittstelle im Gemeindebau und für verschiedene Aufgaben und Anliegen zuständig. Wir sind für die Mieter da, aber wir kooperieren auch mit anderen Einrichtungen der Stadt und sind mit diesen vernetzt. Für mich ist es bereits schwierig, den Überblick darüber zu behalten, was wir alles machen, so viel ist es geworden. Wir arbeiten in Einzelsettings, in Gruppen und in Projekten. Da sich alles in einem ständigen Wandel befindet, müssen wir sehr flexibel und schnell reagieren." Beim Stichwort „flexibel und schnell" setzt Sonja Fasching ein, sie arbeitet im Bezirk Floridsdorf und ist eine jener Mitarbeiter*innen bei wohnpartner, deren Aufgabenbereich im erwähnten SIBU, in der „Sozialen Information, Beratung und Unterstützung" liegt: „Wir sind die Personen vor Ort, die sehr viel und sehr schnell sehen, was andere nicht sehen und mitbekommen. Gerade im Schwerpunktbereich SIBU erfahren wir, wenn etwas nicht mehr so gut läuft." Dann führt sie aus, welche Themen oder Probleme sich in ihrem Arbeitsalltag zeigen. „Es handelt sich um Menschen, die in schwierigen Lebenssituationen sind, das können psychische Erkrankungen sein, es kann sich um Gewalt in der Familie oder Partnerschaft handeln, um eine Demenzerkrankung oder darum, dass es akuten Bedarf an Hilfe gibt, da die finanzielle Situation aufgrund mehrerer Probleme gerade sehr, sehr schwierig ist." Hier gibt es Unterstützungsbedarf: „Das kann Empowerment sein" – eine Hilfe, die bei den Ressourcen der Personen ansetzt, damit diese weitere Schritte zur Bearbeitung ihrer Schwierigkeiten setzen können – „bis hin zur Einbindung

anderer Einrichtungen wie dem PSD oder dem FSW." Der Psychosoziale Dienst (PSD) ist eine Stelle in Wien, die Rat und Hilfe bei psychischen Erkrankungen anbietet, der Fonds Soziales Wien (FSW) eine privatwirtschaftliche Einrichtungen der Stadt Wien, die soziale Dienstleistungen in den Bereichen Pflege und Betreuung, Behindertenhilfe, Wohnungslosenhilfe, Schuldnerberatung sowie Grundversorgung für geflüchtete Menschen verwaltet. „Wir sind die, die sehr genau hinsehen, und oft als eine der Ersten."

Aniko Kaposvari, die in den Gebieten 3_4 und 11 arbeitet, nimmt für die Beschreibung der Tätigkeit von wohnpartner zunächst eine Vogelperspektive ein: „Wir machen Bedürfnismanagement in einer multikulturellen Großstadt. Wir versuchen, die verschiedenen Bedürfnisse – nach Ruhe, nach Zugehörigkeit, nach Vernetzung, nach Spielen, Garteln, Sporteln, nach gemeinsamen Unternehmungen oder danach, in Ruhe gelassen zu werden – all diese Bedürfnisse versuchen wir zu koordinieren. Wir sind diejenigen, die sich in einer multikulturellen Großstadt darum bemühen, eine Art ‚Wir' herzustellen für Leute, die sich nicht als Nachbarn sehen, wie in Dörfern oder klei-

Es ist eine vielseitige Arbeit mit einem breiten und vielfältigen Aufgabenbereich. Wir sind eine Schnittstelle im Gemeindebau und für verschiedene Aufgaben und Anliegen zuständig. Wir sind für die Mieter*innen da, aber wir kooperieren auch mit anderen Einrichtungen der Stadt und sind mit diesen vernetzt.

neren Communitys." Martin Bodenstein, ein Teamkollege von Aniko Kaposvari, schließt an ihre Ausführungen an: „Wir schauen nicht nur auf das Individuum und die Probleme Einzelner. Lange Zeit waren die Schlagwörter, mit denen unsere Arbeit beschrieben wurde: Nachbarschaft, Zusammenleben oder Kommunikation. Ich möchte betonen, dass es darum geht, in den unterschiedlichen Gemeinwesen, sei es die Stiege, die Wohnhausanlage oder unter zwei Nachbar*innen, dieses Zusammenleben zu fördern. Das kann im Rahmen von Konflikten erfolgen, wo die Kommunikation gestört ist oder wo es kriselt und man schaut, dass die Parteien wieder ins Gespräch kommen, oder aber im Rahmen der Gemeinwesenarbeit, wo Hoffeste, Hofcafés oder andere Möglichkeiten zum Austausch organisiert werden, um ein Zusammengehörigkeitsgefühl zu entwickeln."

Einen weiteren wichtigen Punkt spricht Hülya Tektas an. Sie arbeitet im Bezirk Floridsdorf. „Wir hören zu. Vor allem jenen Menschen, die wenige Gesprächspartner haben. Während der Corona-Zeit ist mir aufgefallen, wie viel wir zuhören und dass die Menschen das brauchen. Das Angebot von wohnparnter ist niederschwellig, daher

sehen sie uns als ihre Ansprechpartner und teilen uns ihre Anliegen mit." – „Ich schließe mich der Erfahrung von Hülya an", übernimmt Shahpar Mattapour vom wohnpartner-Gebiet 13_23, „die Leute haben oft zu mir gesagt: ‚Danke, dass wir eine Ansprechpartnerin haben.' Es ist wichtig, dass die Menschen wissen, an wen sie sich wenden können. Wir sagen ihnen: ‚Ich bin Ihre Fallarbeiterin. Hier ist mein Name und meine Telefonnummer.' Die Menschen wissen dann, an wen sie sich wenden können."

Mit der nächsten Frage wird es konkreter, geht es darum, in welcher Form es zur Kommunikation zwischen wohnpartner und den Bewohner*innen kommt.

WIE FUNKTIONIERT DIE KONTAKTAUFNAHME MIT DEN MIETER*INNEN?

„Der Großteil der Fälle kommt über Wiener Wohnen. Die Mieter rufen bei der Servicehotline an und wenn es sich um einen nachbarschaftlichen Konflikt handelt, wird es an uns weitergeleitet. Es sind aber nicht nur Meldungen von Wiener Wohnen, wir arbeiten auch für andere Hausverwaltungen, aber großteils kommen sie aus dem Gemeindebau", erklärt Sonja Fasching den grundsätzlichen Ablauf. Hülya Tektas schildert den weiteren Ablauf: „Vor Corona war es meistens so, dass wir die Partei, die die Meldung gemacht hat, zu einem persönlichen Gespräch eingeladen haben. Dort erfragen wir die Probleme oder das Anliegen und wir erklären das Angebot und die Aufgabe von wohnpartner. Dann gilt es herauszufinden, ob das mit den geäußerten Bedürfnissen und Erwartungen zusammenpasst und ob es machbar ist. Wichtig ist, dass die Person bereit ist, selber etwas beizutragen. Die alleinigen Problemlöser sind wir als wohnpartner nicht. Wenn der Mieter oder die Mieterin dazu bereit ist, dann lade ich die andere Partei ein. Diese frage ich das Gleiche und kläre ab, ob auch sie zur Lösung des Problems etwas beitragen möchte. Wenn beide bereit sind, kommt es zu einem gemeinsamen Gespräch oder zu einer Mediation und dann schauen wir, ob sie den Konflikt lösen können. Ich sehe meine Aufgabe darin, sie in diesem Prozess zu begleiten, ihnen Feedback zu geben und Bewusstsein für die unterschiedlichen Bedürfnisse der anderen zu schaffen. Oft kommen andere Probleme und

Motive hinzu, denn die Gründe, weshalb die Menschen sich an Wiener Wohnen wenden, liegen oft woanders und es geht nicht nur ums Wohnen." – „Ein Beispiel", wirft Shahpar Mattapour ein: „Es kommt ein Konflikt mit dem Thema Lärmbelästigung. Wir laden die Person zu einem Gespräch und finden heraus, es geht vielmehr um das Thema Generationen oder um kulturelle Konflikte oder eine sehr persönliche Streitigkeit. Wir versuchen, in den Gesprächen die Situation beider Parteien darzustellen und die Mieter zu motivieren, daran zu arbeiten und Vereinbarungen zu treffen." – „Ich finde es amüsant, dass sich Fälle oft ganz schnell von selber klären." Martin Bodenstein führt seinen auf den ersten Blick kuriosen Einwurf sogleich genauer aus: „Die erste Frage, die ich stelle, ist: ‚Haben Sie mit dem Nachbarn oder der Nachbarin schon geredet?' Oft hört man: ‚Nein, aber das ist eine gute Idee.' Eine Woche später rufe ich an und sie sagen: ‚Alles okay, Sache geklärt, gute Übereinkunft!' Es geht einfach darum, die Konfliktparteien zu stärken, ihre Ressourcen zu nutzen, den Konflikt selbst zu klären."

Zu einem ganz ähnlichen Ergebnis kommt Aniko Kaposvari: „Manchmal ist es wirklich so, dass wir nur den Kontakt herstel len und das reicht. Meine Erfahrung ist, dass die Leute sehr viele Möglichkeiten haben, es sich selbst untereinander auszumachen, und sie tun es auch. Im Stiegenhaus, wo man sich nicht so gut kennt, kann es unangenehm sein, einfach anzuklopfen. Man weiß nicht, in welcher Situation man den Nachbarn gerade antrifft oder überrascht. Wenn es aber eine Institution gibt, die ganz neutral und freundlich die andere Partei einlädt – die Leute sind neugierig und wollen ja wissen, was da los ist – und mit einer positiven Absicht die andere Partei zur Konfliktbearbeitung motiviert, funktioniert das meistens. Mir ist es wichtig zu überlegen, welche Botschaft ich zwischen den Parteien hin und her trage. Wenn ich das höflich mache, kann ich das Interesse wecken, dass die Parteien es selber auch so weitermachen."

EIN VERSTÄNDNIS FÜR KONFLIKTE

Konflikte und Streitigkeiten gehören zum Leben dazu. Die meisten Menschen habe diese Form der Kommunikation, die meist als unangenehm und anstrengend empfun-

den wird, schon einmal erlebt. Konflikte begleiten uns in Beziehungen, Nachbarschaften, in Schulen oder Betrieben oder auf den Straßen. Auch auf gesamtgesellschaftlicher Ebene zeigen sich Konflikte, vor allem wenn sozialer Wandel vollzogen wird, denn Veränderungen sind meist konfliktreich.

Der Friedensforscher Johan Galtung, der sich seit Jahrzehnten mit den großen und kleinen Konflikten beschäftigt, erklärt: Konflikte seien Eigenschaften eines Systems, in dem es miteinander unvereinbare Zielvorstellungen gebe, sodass das Erreichen des einen Ziels das Erreichen des anderen ausschließe.

Dieses Phänomen ist bekannt: Eine Person möchte etwas, das die andere Person nicht möchte oder nicht bereit ist zu tun. Das Gute jedoch ist, dass sich dank der Kreativität der Menschen viele verschiedene Wege finden lassen, ein Problem zu lösen. Wenn nicht, dann kann es passieren, dass wir uns in der Auseinandersetzung verheddern und in einen Strudel geraten. Der Konfliktforscher Friedrich Glasl spricht davon, dass wir von der Dynamik des Konflikts mitgerissen werden können, wenn wir in diesen Momenten nicht überlegt und vorsichtig handeln.

„

Nicht zuletzt kann ein Konflikt als eine Chance dafür gesehen werden, Dinge zu klären und zu verändern, die unter der Oberfläche bereits lange gärten.

Die drei Stufen einer Konflikteskalation stellt Glasl folgendermaßen dar: In der ersten kann der Konflikt von den beiden Parteien selbstständig oder mithilfe von Freund*innen, der Familie, aber auch mit Unterstürzung von Organisationen wie wohnpartner gelöst werden. Es ergibt sich eine Win-win-Situation. In der zweiten Stufe geht es um Sieg oder Niederlage, eine Partei gewinnt, die andere verliert. Die Auseinandersetzung ist intensiver und gefühlsbetont. Die Beteiligten brauchen professionelle Hilfe von außen. In der dritten und letzten Stufe geht es um alles oder nichts. Die Handlungen sind hart, es wird gegeneinander gekämpft und nicht selten kommen verbotene (strafbare) Mittel ins Spiel. In dieser Situation gewinnt keine der Parteien, beide sind Verlierer und Beschädigte des Konflikts. Auseinandersetzungen auf diesem Level müssen zuerst entschärft und auf eine niedrigere Stufe gebracht werden, um sie weiter bearbeiten zu können. Um zu verhindern, dass ein Streit dermaßen eskaliert, gibt es viele Möglichkeiten, gegenzusteuern und zu intervenieren. Nicht zuletzt kann ein Konflikt als eine Chance dafür gesehen werden, Dinge zu klären und zu verändern, die unter der Oberfläche

bereits lange gärten. Das ist auch der Ansatz von wohnpartner.

Dramatisch wird es bei jenen Konfliktsituationen, die in eine Notsituationen münden, etwa, wenn Gewalt im Spiel ist, wo es darum geht, Hilfe zu holen. Je nach Vorfall ist die entsprechende Notrufnummer oder Hotline anzurufen. In den weitaus häufigeren – „normalen" – Konflikten können zwei verschiedene Herangehensweisen gewählt werden. Entweder ein Konfliktmanagement, bei dem es darum geht, einen kontrollierten und kontrollierbaren Umgang mit der Konfliktsituation zu finden, oder eine Konfliktlösung, wobei versucht wird, die Ursachen eines Konflikts zu ergründen und die Einstellungen sowie das Verhalten von Menschen zu verändern. Wie von den Mitarbeiter*innen bereits ausgeführt, orientiert sich wohnpartner an den Handlungskompetenzen der Beteiligten und versucht diese zu stärken. In diesem Sinne wird eine Transformation von negativen und destruktiven Konflikten in positive und konstruktive angestrebt. Hier schließt die nächste Frage an.

WIE KANN MAN MENSCHEN DAZU MOTIVIEREN, DIESE TRANSFORMATION ANZUSTREBEN?

Aniko Kaposvari beginnt mit einer Unterscheidung der verschiedenen Typen, die bei Beschwerden und Konflikten sichtbar werden. „Wir haben verschiedene Kunden. Die ersten nennt man in der Fachliteratur ‚die Klagenden': Die Welt soll für sie in Ordnung gebracht werden. Diese sagen: ‚wohnpartner oder Stadt Wien, tu etwas, so geht es nicht weiter!' Sie sind aber nicht bereit, etwas dazu beizutragen. Das sind die Schwierigsten. Wenn die Menschen nicht bereit sind, Verantwortung für die eigenen Probleme oder für ihr eigenes Handeln zu übernehmen, ist es sehr schwierig, etwas zu verändern. Dann gibt es Leute, die Informationen brauchen. ‚Ich hab ein Problem, wie tu ich weiter, wie sind die Regelungen und dergleichen.' Es gibt aber auch diejenigen, die ein Problem haben, wirklich Hilfe brauchen und dazu bereit sind, etwas dafür zu unternehmen. Da beginnt dann die eigentliche Konfliktarbeit." – „Das ist es, was mich so beeindruckt. Wie viele Menschen schlussendlich bereit sind, zu reflektieren und etwas zu tun", ergänzt Hülya Tektas.

Ali Mazoudji, Mitarbeiter des Gebietsteams in der Donaustadt, verweist nochmals auf die verschiedenen Charaktere von Menschen sowie darauf, welch feines Gespür es benötigt, um jedem einzelnen gerecht werden zu können. „Es gibt viele verschiedene Menschen und Persönlichkeitstypen. Manche sagen: ‚Wenn ich im Aufzug bin, grüßt er. Doch ich kenne ihn gar nicht!' Das heißt, das ist ein distanzierter Mensch. Er will so etwas nicht. Für diesen Menschen ist jeder näher kommende Mensch eine Gefahr. Dann gibt es Menschen, die Kontakt suchen. Wir sollen solche Zuhörer sein, die diese Differenzen erkennen." Von der Weitergabe dieses feinen Gespürs berichtet auch Hülya Tektas: „Ich versuche in den Gesprächen zu vermitteln, dass es verschiedene Konflikttypen gibt und sich Menschen in Konflikten unterschiedlich verhalten. Damit die Parteien eine Idee da-

> „Ich versuche in den Gesprächen zu vermitteln, dass es verschiedene Konflikttypen gibt und sich Menschen in Konflikten unterschiedlich verhalten.

von bekommen, dass sich andere anders verhalten und welche Gründe dahinter liegen könnten." – „Genau. Denn die unterschiedlichen Konflikttypen haben bestimmte Bedürfnisse. Die sollte man kennen", wirft Ali Mazoudji ein, bevor Shahpar Mattapour von ihrer Vorgehensweise berichtet: „Manchmal, wenn die Person nicht bereit ist, etwas zu tun, und erwartet, dass wir das Problem lösen, gebe ich ihr ein bisschen Zeit. Damit sie es für sich nochmals überlegen kann. Oft entscheidet sie sich anders und möchte dann doch etwas zur Lösung beitragen." „Das ist aber ein schwieriger Prozess", wirft Ali Mazoudji ein, „denn die Menschen haben es meistens anders gelernt – so im Sinne von: Es solle ein Richter das Urteil sprechen. Doch wenn Menschen miteinander ein Problem haben, sollten sie darüber sprechen und es selbst regeln. Es ist ein demokratischer Prozess. Ich weiß, das ist oft nicht einfach."

„Es braucht einen Rahmen. Durch unsere Präsenz in den Wohnhausanlagen schaffen wir einen Rahmen, der eine Konfliktarbeit ermöglicht", betont Angelika Zimmermann. In diese Richtung argumentiert auch Cornelia Koller: „Es geht dabei ganz viel um Beziehungsarbeit. Zwischen den Mietern und Mieterinnen und wohnpartner. Es ist wichtig, dass wir miteinander ins Gespräch kommen, Vertrauen aufbauen, die Bedürfnisse und Erwartungen abklären – vor allem in den Mediationen, in denen wir als Mediatoren-Paar vorleben, wie eine Gesprächsbeziehung funktionieren kann. Denn Konflikte werden auch über die Art der Beziehung transformiert oder gelöst."

Es ist nun ein Stichwort gefallen, das eine nähere Beleuchtung verdient. Im Bereich der Mediation hat wohnpartner in vielen Jahren eine differenzierte und umfassende Expertise entwickelt.

MEDIATION BEI WOHNPARTNER

Auf der offiziellen österreichischen Republiks-Website wird Mediation folgendermaßen definiert: „Mediation nennt man die

207

Sind mehrere Menschen von einem Konflikt betroffen, gibt es die Möglichkeit einer Großgruppenmediation. Dabei werden die Interessen und die Anliegen verschiedener Gruppen und Konfliktparteien aufgegriffen und in Begleitung von Moderator*innen und Mediator*innen ausverhandelt. Hier geht es darum, Wege zu finden, die von allen akzeptierte Lösungen beinhalten.

Vermittlung in Streitfällen durch allparteiische, speziell geschulte Personen, die von allen Konfliktparteien akzeptiert werden. Mediatorinnen/Mediatoren sind neutral, sie fördern die Kommunikation zwischen den Konfliktparteien, ohne eigene Interessen an einem bestimmten Ausgang des Konflikts zu verfolgen. Die Konfliktparteien bekommen so die Möglichkeit, eigenverantwortlich eine gute und tragfähige Lösung zu erarbeiten."

Dies ist auch die Grundlage einer Nachbarschaftsmediation, wie sie wohnpartner durchführt. Die Besonderheit ist, dass sie für die Mieter*innen kostenlos ist und dass zwei Mediator*innen die Mediation durchführen. Bevor es dazu kommt, werden in Einzelgesprächen und Telefonaten die jeweiligen Themen besprochen und sortiert, es wird die Bereitschaft abgeklärt und über das Mediationsverfahren aufgeklärt. Erst dann findet der erste Mediationstermin statt. Diese wichtigen Vorarbeiten können sich über Wochen bis Monate erstrecken. Es ist eine gewisse Hürde, die die beiden Konfliktparteien überwinden müssen – nicht zuletzt wohl auch eine innere –, bis sie so weit sind, sich der anderen Partei auszusetzen, und sie gemeinsam versuchen, einen Weg aus dem Konflikt zu finden.

Sind mehrere Menschen von einem Konflikt betroffen, eine ganze Stiege oder verschiedene Nutzer*innengruppen im Freiraum, gibt es die Möglichkeit einer Großgruppenmediation. Dabei werden die Interessen und die Anliegen verschiedener Gruppen und Konfliktparteien aufgegriffen und in Begleitung von Moderator*innen und Mediator*innen ausverhandelt. Hier geht es darum, Wege zu finden, die von allen akzeptierte Lösungen beinhalten.

Eine weitere Besonderheit ist, dass wohnpartner, „sollte eine Partei ihre Wünsche, Gefühle und Überlegungen zum Konflikt und zu dessen Lösung nicht entsprechend auf Deutsch ausdrücken können", eine zwei- oder mehrsprachige Mediation anbietet. Für dieses Modell der Nachbarschaftsmediation wurde wohnpartner bereits ausgezeichnet. Nach jeder Mediation wird ein Mediationsprotokoll verfasst, in dem etwaige Vereinbarungen festgehalten werden. Über den Inhalt des Gesprächs wird Stillschweigen gewahrt und sollte bei der ersten Sitzung keine Lösung gefunden werden, können weitere Termine vereinbart werden.

> **In einem interkulturellen Setting ist es spannend, dass das Wort Konflikt unterschiedliche Assoziationen auslöst.**

Warum bei wohnpartner zwei Mediator*innen im Einsatz sind, erklärt Duška Raica-Fröschl sehr plausibel. Sie ist seit Anbeginn bei wohnpartner und für den Bereich Mediationen zuständig, von der Organisierung der wienweiten Mediationen bis zur konzeptionellen Weiterentwicklung und Qualitätssicherung. Somit ist sie eine Expertin auf diesem Gebiet. „Vier Augen und vier Ohren sehen und hören mehr, zwei Hirne verarbeiten und verstehen mehr. Es kommt zu einer guten Ergänzung. Der Prozess einer Mediation ist für alle Beteiligten anstrengend, auch für die Parteien. Eine Mediationssitzung dauert normalerweise eineinhalb Stunden, nicht selten dauert sie zwei Stunden. Über diese Zeit ununterbrochen die Aufmerksamkeit zu halten ist schwer, irgendwann lässt sie nach und dann übersieht oder überhört man etwas. Wenn man zu zweit ist, kann man sich austauschen und abwechseln. Wenn man die Gesprächsführung überneh-

men möchte, oder auch, wenn einem eine Idee für eine Intervention kommt, dann macht man ein Zeichen und die andere Person kann sich zurücknehmen und beobachten – zum Beispiel die Körpersprache, die ist ganz wichtig.“

WIE WERDEN DIE PERSONEN AUF EINE MEDIATION VORBEREITET?

Aniko Kaposvari erklärt nicht nur die allgemeine Vorgehensweise bei wohnpartner, sondern weist auch auf die Tücken der Sprache hin: „Mediation ist Teil der Konfliktarbeit und ist eine Methode. Wir haben Unterlagen vorbereitet und ich versuche in einer möglichst niederschwelligen Sprache zu vermitteln, worum es geht. Ich sage, es ist ein Gespräch oder eine Problemlösung, je nach Situation, die ich vorfinde. In einem interkulturellen Setting ist es spannend, dass das Wort Konflikt unterschiedliche Assoziationen auslöst. Ich verwende es daher selten. Zum Beispiel kann das Wort mit Waffen, Gewalt und Polizei verbunden sein. Je nach Lebenserfahrung ist das Wort mit unterschiedlichen Gefühlen und Vorstellungen aufgeladen. Da gilt es, andere oder passendere Wörter zu suchen. Es ist auch spannend zu sehen, dass es in jeder Kultur Mediationsverfahren gibt, darauf kann man sich beziehen. Wichtig ist es, Mediation möglichst einfach zu erklären."

Bei einem sogenannten Mediationscoaching werden die beiden Konfliktparteien auf den bevorstehenden Mediationsprozess vorbereitet. Dabei werden nicht nur die Regeln und Ziele einer Mediation besprochen, sondern auch die eigene Erwartung und die Bereitschaft zur Veränderung. Manchmal kann es passieren, dass nach einem solchen Coaching der Konflikt gelöst ist, ohne dass es zu dem Gespräch gekommen ist. Cornelia Koller berichtet von so einem Fall: „Neulich hatte ich einen Konflikt bearbeitet, wo es zwischen den Parteien keinen Kontakt gab, und wir zunächst in den Gesprächen herauszufinden versuchten, was hinter den eingenommenen Positionen steckt. Was sind die Bedürfnisse, was soll anders werden und wie formuliere ich das? In diesem Fall war es dann so, dass die Mediation wegen Urlaub und anderer Gründe verschoben wurde. Doch inzwischen hat-

ten sich die Mieter selbst im Hof getroffen. Wegen dem Mediationscoaching haben sie schon so gut gewusst, was ihnen wichtig ist und was sie den anderen sagen wollen, dass sie das einfach ohne die Mediatoren geschafft haben. In der Konfliktarbeit ist es zentral herauszufinden, was mir wichtig ist, was anders werden soll, woran ich erkenne, dass es anders oder besser ist, und was ich den anderen eigentlich mitteilen will. Wo sind meine Möglichkeiten und Alternativen, wenn man keine Wege findet, das Problem zu lösen."

Auf eine andere wichtige – einfach klingende – Voraussetzung weist Alexander Kowar hin. Er ist Mitarbeiter im Gebietsteam der westlichen Bezirke 17_18 und 19. „Das Wesentliche in der Konfliktarbeit, egal welche Methode man anwendet, ist das Zuhören. Und dabei geht es nicht nur darum, herauszufinden, was man will, und das zu kommunizieren, sondern ein ganz wichtiger Teil ist, eine Art Grenze zu setzen. Es kann auch mal sein, dass man sagt: ‚Okay, das willst du? Das wird sich nicht spielen ...' Die Leute haben oft Wünsche, die man nicht erfüllen kann. Ein zentraler Punkt in der Fallarbeit ist, dass man rückmeldet: ‚Ich verstehe Ihren Wunsch, aber

„

Ein ganz essenzieller Moment in einer Mediation ist die Veränderung, die im Kopf stattfindet.

da werden Sie sich die Zähne ausbeißen.' Ich glaube, das brauchen viele." – „Reale Erwartungen zu haben ist wichtig", kann Duška Raica-Fröschl nur ergänzen.

Jedoch, was passiert nun genau? Wenn die Vorbereitung abgeschlossen ist, die eigenen Bedürfnisse klar sind, reale Erwartungen bereits formuliert wurden, die Menschen am Tisch einander gegenübersitzen und die beiden Mediatior*innen das Gespräch in Gang bringen?

WAS IST DER ZENTRALE MOMENT IN EINER MEDIATION?

Duška Raica-Fröschl nimmt den Faden auf und eröffnet das Gespräch zu diesem Thema: „Ein ganz essenzieller Moment in einer Mediation ist die Veränderung, die im Kopf stattfindet. Wann man erkennt, dass es in der Mediation zu dieser Transformation kommt,

haben wir gewonnen. Denn dann steht man nicht mehr auf einem Gleis und schaut in eine Richtung, sondern hat eine Weiche genommen, man steht auf einem anderen Gleis und fährt in eine andere Richtung weiter."

„Duška und ich hatten einen Fall mediiert", beginnt Ali Mazoudji zu erzählen. „Wir hatten insgesamt vier Mediationstermine. In der letzten Sitzung, eine halbe Stunde, bevor wir das Gespräch beenden wollten, war noch kein greifbares Ergebnis in Sicht. Die beiden Parteien wurden immer wieder rückfällig und verfielen in eine abwertende Kommunikation. Wir haben dann gesagt: ‚Gut, jetzt habt ihr so lange übereinander geschimpft und schlecht geredet, sagt doch zum Abschluss noch ein schönes Wort zueinander.' Und sie haben begonnen, einander Komplimente zu machen. Sie haben später sogar zu weinen begonnen und sich schließlich versöhnt. In dieser letzten halben Stunde ist alles anders geworden. Von der Fallarbeiterin haben wir später gehört, dass sich die Situation nach der letzten Mediation verbessert hat. Ich glaub, das ist die Änderung der Schiene, von der du gerade gesprochen hast."

„Das war damals sehr rührend zu erleben. Die beiden Kontrahenten sind da, sie reden miteinander und manchmal wissen wir gar nicht genau, was läuft, aber es passiert etwas. In diesem Moment kommen mir in der Mediation immer die Tränen", gesteht Duška Raica-Fröschl.

Zu dieser Transformation kommt es natürlich nicht in jeder Mediation. Manchmal passiert etwas anderes, das eine Konfliktsituation verändert. Sonja Fasching weiß von einem solchen Fall zu berichten: „Ich hatte einen nachbarschaftlichen Konflikt, der bereits über mehrere Jahre immer wieder seitens wohnpartner bearbeitet wurde. Die beiden Mieterinnen begegneten sich nur noch über eine sehr konfliktorientierte Kommunikation, die es oftmals verunmöglichte, einen gemeinsamen Weg zu erarbeiten, auch wenn beide daran interessiert waren. Selbst eine Mediation konnte die Situation zunächst nicht verändern. Trotz des seit Jahren bestehenden Konfliktes wurde die Nachbarin zur wichtigsten Ressource, sogar zur Lebensretterin. Sie hat eine Lärmsituation als Gefährdung von Leib und Leben erkannt und hat die notwendige Rettungskette in Gang gesetzt. Durch ihr beherztes Eingreifen, trotz des jahrelangen Konflikts, konnte eine Straftat verhindert werden, die der Nachbarin vermutlich das Leben gekostet hätte. Es zeigt sich, dass in der Nachbarschaft wichtige Ressourcen zu finden sind und es von großer Bedeutung sein kann, auch in einer Konfliktsituation zu erkennen, was wirklich wichtig ist, und sich nicht ‚umzudrehen‘ und zu gehen, weil man aktuell keine Gesprächsbasis hat."

Ali Mazoudji berichtet von einer weiteren Zusammenarbeit mit Duška Raica-Fröschl. „Es waren eine pakistanische und eine österreichische Familie. Die waren unglaublich zerstritten. Die erste Mediation hat zu keiner Lösung geführt. Bei der zweiten Mediation: ‚Grüß Sie! Wir sind da und wir sind Freunde.‘ Ich habe gefragt: ‚Warum seid ihr Freunde?‘ ‚Mein Mann ist sehr, sehr krank gewesen und wir konnten uns nicht helfen. Die Dame hat die Rettung geholt und geholfen. Jetzt geht es meinem Mann wieder gut. Wir haben einander eingeladen und wir sind jetzt nur da, um Danke zu sagen.'" – „Ich war so gerührt, dass ein Kollege mit einem Taschentuch gekommen ist", fügt Frau Raica-Fröschl lachend hinzu.

Diesem Lernprozess sind jedoch nicht nur die Bewohner*innen ausgesetzt, auch als fachliche*r Mitarbeiter*in, als Konfliktvermittler*in, muss man lernen, sich

Mit wohnpartner hat die Stadt Wien eine Einrichtung geschaffen, die sich nicht nur um die individuellen Konflikte annimmt, sondern auch einen Blick für die größeren Zusammenhänge in einer Siedlung oder in einem Grätzl hat.

selbst und den Parteien Zeit zu geben. „Es ist ein Prozess", erklärt Hülya Tektas. „Es ist schwierig, unsere Arbeit einem anderen zu erzählen und diese Arbeit begreiflich zu machen. Für mich war es am Anfang so: Ich war lösungs- und ergebnisorientiert. Ich wollte bei den Gesprächen relativ schnell etwas erreichen. Es dauerte, es war eben auch ein Prozess, bis ich es tatsächlich verstanden habe: Okay – nein, ich muss bedürfnisorientiert sein und ergebnisoffen bleiben. Am Anfang waren das für mich nur Schlagwörter, ich habe meine Zeit gebraucht, bis ich erkannt habe, ich begleite die Menschen, und die brauchen ebenfalls Zeit."

Manchmal jedoch braucht es noch eine andere Hilfe als die Zeit. Shahpar Mattapour erzählt von einem Fall, der ohne fremde Hilfe, ohne die Unterstützung seitens einer weiteren Organisation nicht hätte gelöst werden können. „Vor vier Jahren hat sich eine ältere Frau bei mir gemeldet. Sie hat sich über den Lärm von einer Partei, die oberhalb von ihr wohnt, beschwert. Diese wäre nachts laut, sie würden schreien und sie könne nicht schlafen. Wenn sie um zehn Uhr ins Bett gehe, habe sie schon Herzklopfen, denn um Mitternacht werde sie wieder

geweckt werden. Sie hat gesagt, sie könne nicht mit ihr kommunizieren, da die Nachbarin gehörlos sei. Wir haben zur gehörlosen Familie mit einem Dolmetscher Kontakt aufgenommen. Das ging über eine Organisation, die diese Familie bereits gekannt hatte. Wir haben mit der Frau gesprochen und ihr die Situation erklärt. Es hat sich herausgestellt, dass die Frau, wenn sie nachts allein war, da ihr Mann arbeitete, mit ihrer Familie videotelefonierte. Und sie hat einfach nicht gewusst, dass sie dabei so laut ist. Ich habe diesen Fall mehrere Monate lang bearbeitet und am Ende haben sie ein Gerät installiert, damit sie sieht, wenn es laut ist. Seitdem – das ist zwei, drei Jahre her – ist nachts Ruhe. Heute noch ruft mich die alte Dame manchmal an und bedankt sich, da das Problem gelöst werden konnte. Es gibt viele Fälle wie diesen, bei denen wir Unterstützung von anderen Organisationen brauchen, um einen Fall zu lösen."

Nachbarschaft ist, wie in den Gesprächen bereits erörtert wurde, eine nicht zu unterschätzende Ressource. wohnpartner versucht diese über die Gemeinwesenarbeit zu stärken. Was das genau bedeutet, soll kurz erzählt werden.

215

„

Wichtig ist, dass die Menschen lernen, mit Menschen mit unterschiedlichen Kulturen — und damit meine ich nicht nur, dass Menschen aus anderen Ländern kommen — zu leben und zu sprechen.

DIE GEMEINWESENARBEIT BEI WOHNPARTNER

Die Gemeinwesenarbeit ist seit vielen Jahrzehnten ein nicht wegzudenkender Bestandteil der sozialen Arbeit oder der Stadtteilarbeit. Entstanden ist sie Anfang des 20. Jahrhunderts, im angelsächsischen Raum, als kirchliche Einrichtungen oder Gewerkschaften Menschen in verarmten Stadtteilen zu organisieren und sie in ihren Anliegen zu unterstützen begannen. Dies wurde als „Community Organizing" bezeichnet und ist heute noch ein wichtiger Bestandteil in der sozialen Stadtteilarbeit in den USA. Der wohl bekannteste Organizer war einst der spätere US-Präsident Barack Obama. Im deutschsprachigen Raum spricht man eher von der Gemeinwesenarbeit, die prinzipiellen Ansätze sind ähnlich, wobei es verschiedene Fachdiskussionen und Weiterentwicklungen des Konzeptes gibt.

Mit wohnpartner hat die Stadt Wien eine Einrichtung geschaffen, die sich nicht nur um die individuellen Konflikte annimmt, sondern auch einen Blick für die größeren Zusammenhänge in einer Siedlung oder in einem Grätzl hat. Ausgangspunkt der Gemeinwesenarbeit sind die Bedürfnisse der Menschen. Wichtig ist jedoch, dass es nicht darum geht, diese stellvertretend zu erfüllen, sondern darum, die Bewohner*innen darin zu unterstützen, selbst aktiv zu werden, ihre eigenen Ressourcen und Potenziale selbst zu erkennen, sich untereinander zu vernetzen oder mit anderen in der Nachbarschaft zusammenzuschließen, um für ihre Interessen einzutreten. Ein Schlagwort dazu ist Empowerment, die Selbstermächtigung.

Ein anderes wichtiges Thema kann darin bestehen, das Gemeinschaftsgefühl zu stärken, einen positiven Bezug zu seiner Wohnumgebung herzustellen und auch selbst einen Betrag für sein Wohnumfeld zu leisten. „Wir gehen zu den Menschen, meist im Rahmen der Gemeinwesenarbeit, um dieses Wir-Gefühl herzustellen. Dass sie sich vernetzen, einander kennenlernen, meist entlang von gemeinsamen Interessen oder Beschäftigungen wie Garteln, Singen, Sporteln, das ist auch eine Form der Konfliktprävention, denn wenn Menschen einander besser kennen, gehen sie auch anders miteinander um", bringt es Aniko Kaposvari auf den Punkt.

Dieser andere Umgang ist es, der eine gute Nachbarschaft ausmacht. Da drängt sich eine Abschlussfrage auf.

WAS IST EINE GUTE NACHBARSCHAFT?

„Ich habe einmal folgende Definition gelesen: ‚Nachbarschaft ist ein komplexes Verhältnis.' Anzuerkennen, dass es ein komplexes Verhältnis zwischen Menschen ist, die es sich nicht ausgesucht haben, irgendetwas miteinander zu tun zu haben, ist wichtig. Die Menschen wohnen Tür an Tür und haben in ihren alltäglichen Lebensvollzügen miteinander zu tun – getrennt lediglich durch eine Wand. Je nachdem, wie dünn diese Wand ist, kriegt man mehr oder weniger mit. Es handelt sich somit um eine soziale Beziehung, die nicht bewusst gewählt wird. Und dieses Verhältnis beschäftigt uns."

Nach diesem analytischen Einstieg von Angelika Zimmermann folgen Erfahrungsberichte aus der jüngeren Vergangenheit, die alle sehr geprägt hat: die Zeit der Coronapandemie. Sonja Fasching berichtet von ihrer Beobachtung davon, was sich am Verhältnis zwischen den Menschen verändert hat. „Wir hatten während der Covid-19-Krise ein Projekt, in dem wir der Frage nachgingen, wie die Krise die Leute zueinander gebracht hat. Wir haben wienweit Geschichten dazu gesammelt. Dabei haben wir erfahren, dass plötzlich Leute, die einander davor nur grüßten oder nicht einmal das, begonnen haben, füreinander Sorge zu tragen. Die Covid-19-Krise hat gezeigt, dass Nachbarschaft viel mehr sein kann als Konflikt oder nur Nebeneinander-Wohnen."

Shahpar Mattapour erzählt von ihrer Erfahrung aus dem Bewohner*innen-Café im Grätzl-Zentrum im 23. Bezirk: „Es sind wöchentlich 25 bis 30 Personen zu diesem Café gekommen. Nach einem Jahr haben wir eine Umfrage gemacht. Wir haben danach gefragt, wie es ihnen in der Wohnhausanlage gehe. Zwei ältere Frauen aus Österreich haben gesagt: ‚Zuvor haben wir niemanden gekannt, wir sind aneinander vorbeigegangen, haben nie gegrüßt. Jetzt, wo wir ins Bewohner*innen-Café gehen, gibt es viele Kontakte. Die anderen sagen: Hallo, wie geht es dir? Bist du gesund? Brauchst du Unterstützung? Oder: Wie geht es deiner Katze?'"

„Bei Nachbarschaft ist immer wieder die Frage, wie viel will jeder", wirft Cornelia Koller ein. „Manche mögen mehr, manche mögen weniger. Es gibt auch Leute, die froh über die Anonymität der Großstadt sind. Wir bieten jedoch eine Möglichkeit, nachbarschaftlich zu leben. Wir unterstützen die Mieter und Mieterinnen bei Hoffesten oder beim gemeinsamen Garteln. Wir schaffen Rahmenmöglichkeiten, wo Menschen zusammentreffen können, um Nachbarschaft zu leben. Gerade in den Grätzl-Zentren setzen wir sehr viele Angebote für die Nachbar-schaft, sei es bei Kochgruppen, bei Kunst- und Kreativworkshops, bei Sprachkursen. Das sind Orte der Begegnung für Menschen, die ansonsten keine Möglichkeiten hätten, einander zu begegnen."

„Dadurch entsteht auch die Möglichkeit, Verständnis für andere Lebensrealitäten zu entwickeln", ergänzt Hüyla Tektas. Diese anderen Gewohnheiten oder Lebensrealitäten sind es aber gerade, die immer wieder Konflikte hervorrufen. Für Shahpar Mattapour spielen daher zwei Dinge eine wesentliche Rolle: „Neben dem Respekt ist es wichtig, sich an die Regeln zu halten. Die Nichteinhaltung kann die Nachbarschaft auseinanderbringen. Das Stiegenhaus nicht sauber zu halten, den Müll einfach vor die Tür zu stellen, mit den Türen zu schlagen – all das kann zu Unruhe und Konflikten führen." Es sind jedoch nicht nur die aufgeschriebenen Regeln, sondern auch die informellen von Bedeutung, meint Sonja Fasching: „Für viele Menschen ist die Sonntagsruhe noch ein großes Thema. Die sagen: ‚Am Sonntag macht man das nicht.' Und ich muss dann sagen: ‚Aber das hat sich verändert in den letzten Jahren. Die Sonntagsruhe steht nicht mehr in der Hausordnung.' So kommen wir zu den informellen Hausregeln – daran, was mir und dir wichtig ist, halten wir uns."

Um zu diesen informellen Regeln zu kommen, ist Kommunikation wichtig. Shahpar Mattapour weist auf eine notwendige Fähigkeit hin: „Wichtig ist, dass die Menschen lernen, mit Menschen mit unterschiedlichen Kulturen – und damit meine ich nicht nur, dass Menschen aus anderen Ländern kommen – zu leben und zu sprechen." Einen anderen Aspekt des gegenseitigen Respekts bringt Hülya Tektas ins Spiel: „Unsere Arbeit behandelt sehr viele Grenzüberschreitungen. Daher ist es für eine gute Nachbarschaft wichtig, diese Grenzen zu respektieren. Was verträgt die nachbarschaftliche Beziehung und was verträgt sie nicht. Ich denke dabei an das Beispiel der Kindererziehung: dass sich zum Beispiel Nachbarn bei Müttern, die kleine Kinder haben, in die Erziehungsfragen einmischen, obwohl das gar nicht erwünscht ist."

Dieses „etwas anders machen" oder „anders sein können" nimmt Martin Bodenstein auf: „Gute Nachbarschaft ist, angstfrei anders sein oder abweichen zu können. Wir haben eben die Situation, dass Mietparteien unfreiwillig Tür an Tür und Wand an Wand leben, es aber doch sehr starke Zerrbilder

vom anderen gibt, die geprägt und auch ideologisch aufgeladen sind. Es gibt Vorurteile und Stereotype. Es ist eine wichtige Aufgabe, diese zu reflektieren und abzubauen, damit aus dem Fremdbild des Anderen konkrete Menschen werden, mit Bedürfnissen und Anliegen."

Dass die Arbeit von wohnpartner Einfluss darauf hat, wie die Bewohner*innen ihre Nachbar*innen oder ihre Umgebung wahrnehmen, und wie sich dies verändert, beschreibt Angelika Zimmermann: „Die Wahrnehmung ändert sich beispielsweise mit einem Beet oder einer nachbarschaftlichen Schachpartie. Das ist ein Projekt, das die Kommunikation fördert. Allein, dass hier Schachbretter aufgestellt werden und Menschen miteinander spielen, die sonst nicht gemeinsam am Tisch sitzen, verändert etwas. Diese Veränderung spielt sich jedoch im feinstofflichen Bereich ab."

Cornelia Koller ist wichtig zu erwähnen, dass sich diese veränderte Wahrnehmung auch auf den Gemeindebau als Ganzen bezieht: „Der Gemeindebau hat über viele Jahre ein schlechtes Image gehabt und ich finde, das war zu Unrecht. Es gibt so viele Grünflächen und es ist ein richtiger Luxus, in

„

Es gibt Vorurteile und Stereotype. Es ist eine wichtige Aufgabe, diese zu reflektieren und abzubauen, damit aus dem Fremdbild des Anderen konkrete Menschen werden, mit Bedürfnissen und Anliegen.

diese groß gewachsenen Bäume zu schauen und nicht auf eine Hausfassade."

Vielleicht verstellt aber die Arbeit von wohnpartner den Mitarbeiter*innen selbst den Blick auf eine gute Nachbarschaft? Alexander Kowar wagt eine provokante These: „Überspitzt formuliert: Gute Nachbarschaft ist, wenn wohnpartner es nicht mitbekommt. Circa eine halbe Million Menschen leben im Gemeindebau und ich schätze, von 60 bis 70 Prozent von diesen Bewohner*innen hören wir nie etwas, die leben einfach und machen ihr Ding. Bei den restlichen 30 Prozent gibt es etwas zu tun, da gibt es ein Problem oder ein Bedürfnis. Unser Auftrag ist es, hier Unterstützung für eine gute Nachbarschaft zu geben."

Zu einem ähnlichen Schluss kommt auch Duška Raica-Fröschl: „Es ist bekannt, dass alle Umfragen von Wiener Wohnen überraschend positiv ausfallen, wenn die Mieter und Mieterinnen allgemein gefragt werden: ‚Wie fühlen Sie sich in Ihrem Wohnumfeld?' Das ist etwas, wo wir selber auch immer wieder etwas überrascht sind, da wir mit einem Teil des Lebens konfrontiert sind, in dem es nicht so gut funktioniert. Ich vergleiche das gern mit einem Arzt. Er hat vor sich nur die kranken Menschen und ist überrascht, wenn er erfährt, dass die Menschen im Großen und Ganzen eigentlich gesund sind. Man muss eben das Ganze in den Blick nehmen. Es funktioniert gut, die Häuser sind gut und die Lebensqualität ist gut."

Und falls es im Gemeindebau einmal nicht so gut laufen sollte, ist die Einrichtung wohnpartner die richtige Ansprechpartnerin.

Team

HERAUSGEBER

CLAUDIA HUEMER

studierte Politik- und Kommunikationswissenschaften. Seit 20 Jahren ist sie im Bereich Mediation lehrend tätig. Sie ist Gründungsmitglied von wohnpartner.

JOSEF CSER

studierte Rechtswissenschaften und ist ausgebildeter Mediator. Er hat die Organisation wohnpartner aufgebaut und ist seit Februar 2020 Geschäftsführer der Wohnservice Wien GmbH.

AUTOR*INNEN

ANDREAS PAVLIC

1974 in Innsbruck geboren, seit gut 20 Jahren in Wien lebend. Studierte Politikwissenschaft und Sozialraumorientierte Soziale Arbeit an der FH, arbeitete für viele Jahre als Gemeinwesen- und Konfliktarbeiter im Wiener Gemeindebau und nun als freier Schriftsteller. Ihn interessiert die Verbindung von Gemeinwesen und Kulturarbeit und er liebt die Berge, gutes Essen und das Meer.

EVA SCHÖRKHUBER

lebt als Schriftstellerin und Kulturwissenschafterin in Wien; Promotion an der Universität Wien über Archiv- und Gedächtnistheorien; zahlreiche essayistische, literarische und wissenschaftliche Publikationen; Mitarbeiterin beim Forschungsprojekt Klingende Zeitgeschichte an der Universität für Musik und darstellende Kunst Wien (mdw); liebt Reisen, die Sonne und das Meer.
WWW.EVA-SCHOERKHUBER.COM

FOTOGRAFIE

GIANMARIA GAVA

arbeitet als Fotograf und Künstler in Wien und Venedig. 2018 wurde er mit den Sony World Photography Awards für Architekturfotografie ausgezeichnet. Die fotografischen Arbeiten des studierten Politikwissenschaftlers wurden u. a. ausgestellt im Somerset House, London, im Kunst Haus Wien, im Centre for Contemporary Culture Strozzina, Florenz, beim Festival für Fotografie PHotoESPAÑA oder in der Casa dei Tre Oci, Venedig.

GRAFIK

ANNA HAERDTL & BARBARA REITER

Sie stehen gemeinsam als Bureau A/O neben wertvollen Gestaltungslösungen aus dem kommerziellen sowie kulturellen Bereich auch für kulinarische Gustostückerl. Die Arbeitsteilung ist hier, im Gegensatz zu ihrer Arbeit an Produkten, Kampagnen, Magazinen und Büchern, etwas weniger ausgeglichen: Barbara kocht und bäckt sehr gerne, Anna isst dafür umso lieber. Kulinarik und Kreativität finden vorrangig in Graz, aber auch im Salzkammergut und in Wien statt – immer mit Liebe zu Inhalt und Details.
WWW.BUREAU-AO.COM

LEKTORAT

JOE RABL

studierte Komparatistik und Germanistik in Innsbruck; war in diversen Verlagen beschäftigt und lebt nach Jahren in Wien und Salzburg wieder in Innsbruck; arbeitet als freier Lektor. Liebt Bücher, Filme und Musik, Wein und gutes Essen und die Berge Tirols.

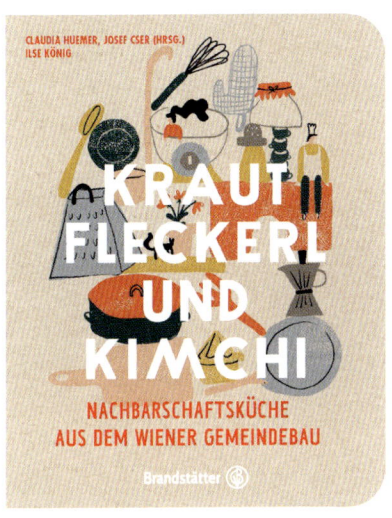

Krautfleckerl, Kimchi, Bananenbrot und Kärntner Reindling: Die Gerichte, die von Kochgruppen im Wiener Gemeindebau gemeinschaftlich zubereitet werden, sind so vielfältig wie die dortige Bewohnerschaft. Im weltweit einzigartigen Wiener Gemeindebau lebt ein Viertel der Wiener Bevölkerung, das sind etwa 500.000 Menschen. Eine „Wiener Melange" unterschiedlicher Herkunft, Biografien und kultureller Traditionen. Mitkochen lohnt sich!

Der Wiener Gemeindebau hat viele Gesichter. In hundert Gesprächen an hundert Orten in den und um die Wiener Gemeindebauten wagt dieses Buch nun den Perspektivwechsel: Die Menschen, die im Gemeindebau leben und arbeiten, kommen selbst zu Wort und dokumentieren damit eine soziale und kulturelle Vielfalt, die ein realistisches und facettenreiches Bild des Lebens im Wiener Gemeindebau zeichnet.

KRAUTFLECKERL & KIMCHI
ISBN: 978-3-7106-0563-5

WIENER WOHNWUNDER
ISBN: 978-3-7106-0448-5

Liebe Leser*innen,

Wir sagen Danke, dass Sie uns auf Ihre Lesereise mitgenommen haben. Viele weitere Abenteuer, aufregende Geschichten und unverwechselbare Geschenkideen finden Sie auf unserem Abenteuerspielplatz:

WWW.BRANDSTAETTERVERLAG.COM

Lassen Sie sich inspirieren!

Bleiben wir in Verbindung! Wir freuen uns auf Ihre Anregungen, Wünsche und Kritiken.

leserbrief@brandstaetterverlag.com

Christian Brandstätter Verlag GmbH & Co KG
Wickenburggasse 26, 1080 Wien
Tel.: (0043) 1 5121543256

Teilen macht Freude!
#aufgutenachbarschaft #eslebedergemeindebau #brandstaetterverlag

IMPRESSUM

1. Auflage 2023
Alle Rechte vorbehalten

Copyright © 2023 by
Christian Brandstätter Verlag, Wien

Papier: Magno Volume 150 g, 1,1-fach. Vol.

Designed in Austria, printed in the EU

ISBN 978-3-7106-0644-1

Herausgeber*innen: Claudia Huemer, Josef Cser
Autor*innen: Eva Schörkhuber, Andreas Pavlic
Fotografie: Gianmaria Gava
Art Direktion & Grafik: Anna Haerdtl & Barbara Reiter, Bureau A/O
Lektorat: Joe Rabl
Projektleitung Brandstätter Verlag: Stefanie Neuhart & Alexandra Traxler

Abbildungsnachweis:
S. 139: Jennifer Fetz
S. 47: Wiener Stadt- und Landesarchiv
S. 52: Privat
S. 150: Ludwig Schedl
Illustrationen Cover und Kern: Vector_Art

Wir tragen Verantwortung
Der Inhalt dieses Buchs wurde auf hochwertigem, PEFC™-zertifiziertem Papier gedruckt. Diese international anerkannten, unabhängigen und regelmäßig überprüften Standards gewährleisten eine umweltgerechte, sozial verträgliche, nachhaltige und ökonomisch tragfähige Nutzung entlang der gesamten Wertschöpfungskette Holz, vom Baum bis zum Buch. Die Druckerei ist FSC©-zertifiziert und bezieht ihre Energie zu 100 % aus umweltfreundlichen, erneuerbaren Quellen; regelmäßige Audits erfolgen im Bereich des Carbon-Footprint-Managements zur Reduktion des CO_2-Ausstoßes.